prometeo
l i b r o s

Roxana Cabello

Las Redes del Juego

Cabello, Roxana
    Las redes del juego. - 1a ed. - Buenos Aires : Prometeo Libros ; Los
Polvorines : Universidad Nacional de General Sarmiento, 2008.
    184 p. ; 21x15 cm.

    1. Sociología de la Cultura. 2. Comunicación. 1. Título.
    CDD 306

© De esta edición, Prometeo Libros, 2008
Pringles 521 (C11183AEJ), Buenos Aires, Argentina
Tel.: (54-11) 4862-6794 / Fax: (54-11) 4864-3297
info@prometeolibros.com
www.prometeolibros.com
www.prometeoeditorial.com

Índice

Prefacio

Este libro invita a recorrer un territorio que muchas veces resulta extraño para la mayoría de las personas y sobre el cual se pintan imágenes y se tejen historias que no siempre se ajustan a las escenas y actuaciones que allí se producen. Llamaremos aquí a ese territorio, en sentido amplio, el *ciber*. Entre todas las prácticas que los chicos y los adolescentes realizan en el *ciber* enfocamos específicamente la de los juegos en red. A pesar de que las opciones de tecnoentretenimiento se multiplican y diversifican permanentemente, la práctica de juegos en red ha constituido sin dudas un fenómeno que ha manifestado en nuestro país un proceso de desarrollo y expansión muy acelerado y que ha alcanzado importantes niveles de penetración de manera transversal a los diferentes sectores socioeconómicos y culturales.

Centramos el análisis en *el primer lustro* del siglo XXI y observamos que durante este período han proliferado muchísimos locales en los que se ofrece la posibilidad de video jugar en red, ya se trate de locutorios o los llamados cibercafés. Esta tendencia ha trascendido los ámbitos estrictamente urbanos, ya que en cada una de las poblaciones pequeñas del interior del país han ido instalándose varios negocios de este tipo, y si bien es cierto que a medida que la banda ancha llega a los hogares en algunas zonas los *ciber* ven descender su actividad, esa tendencia es sin dudas una de las que más ha despertado la atención en los último años en materia de entretenimiento. Ejemplo de ello es la existencia de un Campeonato Mundial de Videojuegos en Red y varios torneos internacionales en los cuales participan videojugadores en red argentinos. Además, recientemente se ha desarrollado el primer videojuego en red argentino para jugar *on line*[1].

Los *juegos en red* son programas digitales de entretenimiento que se instalan en la computadora y que, a través de una conexión de banda ancha, se conectan con un servidor que abre paso para que los jugadores cuyas computadoras tienen instalado ese programa, puedan jugar el mismo juego simultáneamente. Las redes que se constituyen para jugar pueden

---

[1] En línea. Desarrollamos la explicación de este tipo de juegos y del resto de la terminología específica a lo largo del texto. Optamos por incluir estas aclaraciones a pie de página para facilitar la lectura.

desarrollarse dentro o fuera del local, y pueden incluso atravesar fronteras internacionales. Es decir que en un *ciber* se puede observar un chico sentado frente a una computadora jugando contra otro que está operando otra máquina, o varios chicos formando un equipo para enfrentar a otros. En algunos locales llegan a conformarse equipos tan numerosos que todos los asistentes al local pueden estar participando en el mismo juego. O también ese mismo chico o ese mismo equipo pueden estar compitiendo contra otros equipos formados por chicos de diferentes ciudades, aunque en los *ciber* argentinos esto es menos frecuente por razones de costos y en los que estuvimos visitando casi no se produce. Uno de los temas centrales que desarrollamos en este libro es el que analiza las relaciones de continuidad y de ruptura que se plantean entre los usos de los videojuegos y los de los juegos en red. Sin dudas estos últimos se ubican en la tradición que inauguran los primeros, pero a diferencia de los videojuegos, en los juegos en red el jugador no compite contra la máquina sino que compite contra otros jugadores a través de una tecnología que posibilita asociarse o enfrentar a otros situados muy cerca o del otro lado del mundo.

En Argentina y otros países de América Latina, principalmente Perú, se ha desarrollado especialmente en la primera mitad de la década una importante oferta de servicios mediados por computadoras personales en locales de acceso público. Esa oferta permite que se produzca un efecto de expansión transversal de los usos de las tecnologías digitales, de modo que poco a poco adolescentes de diferentes sectores socioculturales toman contacto con Internet, las posibilidades del correo electrónico o el *Chat*. Una de las vías más frecuentes de acceso a las tecnologías interactivas ha sido la de los videojuegos y se continúa actualmente con el consumo de juegos en red. Según la Asociación de Desarrolladores de Videojuegos de la Argentina, en el momento en que estábamos terminando nuestro estudio unos 300 mil usuarios de juegos en red asistían a más de 20mil cafés de este país.

Una estimación del gobierno autónomo de la Ciudad de Buenos Aires de febrero de 2007 señalaba que existen unos 2.500 locales, desde locutorios hasta pequeñas salas de juego, comercios y bares, que tienen instaladas computadoras.

A partir de alrededor del año 2001 comenzó a expandirse aceleradamente esta tendencia que reúne a los jóvenes en esta clase de locales, en donde buscan entretenimiento en compañía de sus pares y desarrollan prácticas mediadas por medios informáticos. En ese contexto el consumo de juegos en red se ha constituido en uno de los ejes vertebradores de esas prácticas y ha dado lugar a distintas representaciones entre las que cuentan la preocupación de padres y educadores por los efectos posibles que pudieran ocasionar en los usuarios. Una de las ideas que fue cobrando fuerza más recientemente es la de que estos juegos producen conductas adictivas. Frente a representaciones de ese tipo van generándose respuestas espontáneas por parte de distintos actores y otras que logran mayores niveles de formalización: a la ley nacional sobre videojuegos (LN26043) se suma la normativa vigente en la Ciudad de Buenos Aires que establece que las "salas de recreación" no pueden estar emplazadas a menos de cien metros de colegios, hospitales y templos religiosos; y que las computadoras deben incluir filtros para páginas pornográficas. Por otra parte, a partir de 2006 algunos municipios bonaerenses (como Vicente López, San Isidro, San Fernando y Tigre) limitaron hasta las 21hs. la permanencia de los chicos en locales de juegos en red.

En este tipo de territorios se genera una dinámica particular que resulta ajena a todos aquellos que circulan afuera de sus límites. De modo que muchas de las representaciones que circulan se construyen sobre la base del extrañamiento y el desconocimiento. Esta realidad nos motivó a acercarnos a este mundo para explorarlo y producir así conocimiento desde un punto de vista que de alguna manera puede relacionarse con los abordajes sobre consumos culturales y. mediáticos que se enmarcan en el campo de estudios sobre Comunicación. Una exploración sobre las características que asumen los usos de estos juegos y las prácticas que se desarrollan en torno a los mismos, pensamos, puede resultar una contribución al conocimiento sobre las tendencias que se construyen en el marco del entretenimiento.

Desde un comienzo entendíamos que estamos ante un fenómeno complejo que asume características particulares en diferentes contextos según se trate de grandes centros urbanos o de localidades situadas en las provincias o en el Área Metropolitana de Buenos Aires. En especial nos interesó caracterizar los usos de los juegos en red y los *hábitos de consumo* de este tipo de propuesta de entretenimiento en una zona de la periferia urbana[2].

---

[2] Realizamos un estudio de caso enfocando el Partido de San Miguel, en la provincia de Buenos Aires. Con el propósito de producir una caracterización en profundidad diseñamos un abordaje que toma en consideración la complejidad del fenómeno e intenta atender a sus variadas dimensiones tanto desde el punto de vista teórico como metodológico. En ese último sentido el diseño combina de manera complementaria la realización de una encuesta con la implementación de técnicas cualitativas (observación, entrevistas exploratorias y

Aproximaciones de este tipo ofrecen elementos para analizar, en el largo plazo, los procesos de penetración de las ofertas de tecnoentretenimiento y de las prácticas vinculadas con dispositivos digitales, en los distintos sectores socioculturales. El corte que realizamos aquí enfoca principalmente los primeros cinco o seis años del nuevo siglo, esto es, antes del auge de Internet Social (aunque en el momento de la publicación de este libro el desarrollo de Facebook, por ejemplo, es aún incipiente en Argentina y opciones como Second Life, si bien están en ascenso, acaparan la atención de sectores sociales más favorecidos) y de la fuerte impronta transversal de YouTube y el uso del Fotolog entre los adolescentes argentinos. Además, con posterioridad a este análisis se ha ampliado (aunque muy levemente) la penetración de la PC en hogares del tipo de los que integran nuestros entrevistados, así como de la provisión de Internet a través de Banda Ancha y la Play Station (sobre todo la de modelos más antiguos y en ocasiones, de segunda mano) comienza a arribar a esas casas.

Nuestro interés por la evolución del tecnoentretenimiento cuenta ya con varios años. En otras oportunidades habíamos desarrollado otros trabajos, realizados en diferentes contextos, con los cuales este texto presenta una línea de continuidad[3]. Esos trabajos fueron constituyendo un proceso de reflexión sobre algunas de las implicancias y características de la relación que diferentes actores establecen con las tecnologías interactivas, en diversos ámbitos, con distintos propósitos y como resultado de circunstancias también variadas. En este caso, la investigación sobre el consumo de videojuegos en locales públicos es la que consideramos el antecedente principal, porque a partir de ese trabajo habían surgido algunos interrogantes que retomamos en este proyecto, sobre todo el

entrevistas en profundidad). El trabajo de campo se desarrolló durante 2004, 2005 y principios de 2006. La investigación se radicó en la Universidad Nacional de General Sarmiento y sus resultados dieron lugar a distintos artículos escritos por varios miembros del equipo que se publican en un trabajo que se llama "Ciberjuegos" (en prensa en el momento de la finalización de este texto) y también dio lugar a la tesis de doctorado en Ciencias de la Comunicación (U SAL): R. Cabello, "Los videojuegos en red: Caracterización de sus usos y análisis de su relación con la producción de nuevas modalidades de sociabilidad". Este libro reúne algunas de las observaciones presentadas en esa tesis

[3] El comentario refiere a 4 investigaciones: Nuevas tecnologías de la imagen (NTI): el consumo de TVCable en Argentina (1995-96) Co-dirigida por E. Margiotta y R. Cabello; NTI: el consumo de videojuegos en locales públicos (1997-98), también co-dirigida por E. Margiotta y R. Cabello; La incorporación de la computadora en la escuela primaria pública (1998-99) y Usos y representaciones sobre las tecnologías de la información y de la comunicación en el ámbito educativo, (2001-2003), ambas con dirección de R. Cabello. Todas estas investigaciones han dado lugar a publicaciones diversas.

que se refiere a las implicancias que tiene la mediación tecnológica en las prácticas de sociabilidad que se desarrollan durante el tiempo libre. Pero otras tópicas exploradas en la totalidad de los trabajos anteriores, como la que indaga sobre usos y representaciones de las tecnologías de la información y la comunicación (TIC) y la que analiza la cuestión de las competencias tecnológicas percibidas, también se retoman en el desarrollo de este estudio y en el planteamiento de nuevos interrogantes.

En este libro presentamos algunas de las observaciones a las que dio lugar el tratamiento de esas temáticas. Por un lado realizamos un acercamiento transversal que, entendemos, permite tomar contacto con uno de los ámbitos de entretenimiento que más se ha desarrollado en los últimos años, con la intención de describir sus características y analizar las prácticas que allí se despliegan. Además, analizamos las modalidades de sociabilidad que se desarrollan en esos territorios en el contexto de lo que denominamos el "entorno tecno-cultural".

El capítulo 1 está dedicado en particular a colaborar con el trabajo de los investigadores que se interesan por esta problemática, ya que introducimos al lector en una joven tradición de estudios que se está generando desde hace ya décadas: la que ha producido a los videojuegos primero y los juegos en red después como objeto de estudio. En una primera parte, presentamos el tema de manera general a partir de algunas de las más reconocidas aproximaciones producidas hasta el momento. En la segunda parte resumimos las modalidades de abordaje que se están realizando sobre esta problemática, en el entendido de que tanto el alcance de la "fotografía" que tomamos como el espacio disponible invitan a continuar ampliando el recorrido.

El capítulo 2 presenta nuestro trabajo de descripción y análisis de los *usos y hábitos de consumo* de los juegos en red que identificamos en la zona en la cual estuvimos trabajando. Esta descripción se apoya en el resultado del trabajo de campo y está en referencia permanente a estudios sobre consumos culturales realizados a nivel nacional.

En el capítulo 3 nos ocupamos de caracterizar las modalidades de *intercambios sociales* que se producen en torno del consumo de los *juegos en red* siempre observando la dinámica que se configura en los locales públicos entendidos como *territorios*. Aclaramos allí que no buscamos explorar las formas de intercambio que se producen *a través de los juegos en red* en el sentido de enfocar la mediación tecnológica como estructurante de esas relaciones al estilo como se manifiestan, por ejemplo, en el *Chat*. Sino que tratamos de analizar los vínculos que se generan entre las personas cuando la tecnología aparece como motivación o como parte del entorno, entre otras posibilidades.

Finalmente, en el capítulo 4, exponemos una síntesis casi genealógica de la idea de "entorno tecnocultural" y analizamos de qué modo ese entorno se manifiesta en la zona de la periferia urbana en la que estuvimos trabajando y cómo opera como contexto que condiciona las prácticas que estuvimos analizando, a la manera de "tono de época".

Muchas personas participaron de una u otra forma en este trabajo. Mis compañeros investigadores-docentes del área de Comunicación del Instituto del Desarrollo Humano de la Universidad Nacional de General Sarmiento: Gustavo Aprea, Georgina González Gartland, Silvana Lucero y Renzo Moyano, han formado parte del equipo de investigación y este texto refiere muchas veces a artículos que ellos han producido en relación con el tema.

Los estudiantes de la licenciatura en Comunicación de la UNGS participaron en distintas etapas de la investigación y han discutido y reflexionado sobre la problemática realizando importantes aportes. En especial, Soledad Burghi Cambón ha tenido un papel significativo en la edición de este texto.

Diego Levis ha sido un interlocutor especialista que contribuyó con valiosos señalamientos en la etapa inicial del proyecto.

Federico Rey Lennon ha ofrecido su acompañamiento y orientación permanente como director de tesis de doctorado y ha tenido la amabilidad de escribir en un posfacio sus impresiones sobre este tema.

Todos ellos quedan liberados de la responsabilidad por lo que se dice en este libro pero merecen el mayor de los reconocimientos.

Roxana Cabello

1

La investigación como
excusa

Cuando provenientes de otro campo de conocimiento comenzamos a tomar contacto con los estudios en comunicación, descubrimos que había gente que mientras miraba telenovelas decía que estaba investigando. En ese momento nos convencimos de que ése era el camino que sin dudas deberíamos iniciar. El interés por los productos de la cultura de masas y por las relaciones que las personas establecen con ellos, reenvía a un universo complejo que no obstante mantiene inevitablemente la marca del entretenimiento. Da gusto inmiscuirse en los tiempos y contextos en los que las personas "lo pasan bien", y tratar de comprender –o al menos hacerse una idea– de cuáles son sus motivaciones y cómo lo consiguen.

En este caso, la investigación nos da una excusa para explorar el mundo de los locales en donde los adolescentes y los jóvenes juegan juegos en red. La expansión de los usos de los videojuegos en red puede considerarse como un fenómeno relativamente reciente. Sin embargo, además de las investigaciones de carácter estrictamente tecnológico ligadas al desarrollo de los juegos y sus soportes, hace más de una década que investigadores de diferentes lugares del mundo han puesto su atención sobre problemáticas afines, sobre todo la que se relaciona con los usos de videojuegos y sus implicancias.

Por lo general sus trabajos de investigación se apoyan tanto en diseños cuantitativos como cualitativos o combinaciones de ambos, incluyendo entre estos tipos a los análisis de contenido en sus diversas vertientes. Para quienes son ajenos a estos temas y al tipo de prácticas que involucran, puede resultar sorprendente el panorama general de esos estudios que ofrecemos en este primer capítulo, porque da una idea de la cantidad de investigadores que se interesan por estas cuestiones desde muy diferentes ángulos. Pero puede resultar también un aporte para quienes se dediquen a estos estudios y de hecho ha sido un punto de partida inevitable que ha dejado su impronta en todo el proceso de nuestra investigación y en las interpretaciones que presentamos en capítulos posteriores. Sin dudas será un panorama incompleto dado que se trata de una temática en permanente cambio y evolución y que captura la atención de cada vez más investigadores. Así y todo, el recorrido permite visualizar una serie de enfoques que se producen cuando los videojuegos y los juegos en red se constituyen en objeto de estudio y cuando los intereses que orientan las investigaciones son de lo más diversos.

En una primera parte presentamos una breve introducción general al tema repasando algunas de las más reconocidas aproximaciones que se han realizado hasta el momento. En la segunda parte resumimos y sistematizamos algunas de las modalidades de abordaje que están produciéndose sobre esta problemática, a las que clasificamos considerando los principales intereses de las investigaciones y ensayos relevados. Ordenamos la información de manera de avanzar paulatinamente hacia temáticas más directamente emparentadas con el interés central de este trabajo, de modo que dejaremos para el final del capítulo el repaso de algunas investigaciones que priorizan aspectos relacionados con el impacto sociocultural de la expansión de los videojuegos y de los juegos en red. Así estructurado, este capítulo está dedicado a colaborar con el trabajo de otros investigadores interesados en seguir analizando esta problemática.

1. Sobre videojuegos y juegos en red

El interés por el estudio sistemático del fenómeno de los videojuegos se instala con fuerza a partir de la segunda mitad de la década de 1990. Es cierto que desde finales de 1960 se producían avances en el diseño y desarrollo de los juegos de computadora, pero es recién en los años 80 cuando comenzaron a hacerse visibles las tensiones en el mercado pasando de un período de picos de ventas que duró hasta 1982, a guerra de precios y deterioro de la producción en 1984, y reinvención de posibilidades con la entrada de Nintendo en el mercado norteamericano en 1986, lo cual ayudó a consolidar el desarrollo de juegos para consolas hogareñas y el clima que permitió el auge de los salones.

Más allá de los desarrollos técnicos y los análisis económicos que apuntan a evaluar la participación del sector de los videojuegos en la industria cultural y del entretenimiento en general, podría decirse que uno de los antecedentes más reconocidos y legitimados en el ámbito de la investigación académica ha sido el trabajo de la estadounidense Sherry Turkle (1995) del Instituto de Tecnología de Massachussets, conocido como MIT.

Su preocupación no se centra en los juegos de computadora, sino que enfoca el impacto que producen los usos de Internet en la construcción de la identidad. Su hipótesis es que el desarrollo de estas tecnologías influye en la creación de una nueva sensibilidad social y en la conformación de una cultura de la simulación que afecta las ideas que se producen sobre el yo y sobre la máquina. Dice Turkle que en la simulación la identidad puede ser descentrada, fluida y múltiple y apoya esta convicción en el análisis que realiza de los juegos de computadora para múltiples usuarios conocidos como MUD (Multi Users Domains), que eran en principio accesibles casi exclusivamente a los trabajadores del MIT. La autora describe a los MUD como un nuevo tipo de salón virtual y una nueva forma de comunidad que proporciona mundos para una interacción social anónima en la que uno puede elegir interpretar papeles más o menos cercanos a su yo real. Los "yos" del MUD[4] se forman en la interacción con la máquina, de modo que estos juegos hacen posible la creación de una identidad tan fluida y múltiple que pone en tensión los límites de la noción, dice Turkle[5].

Su interés por los videojuegos reside en que le permiten hacer observables los rasgos que atribuye a la "cultura de la simulación". Dice que si en un principio la fantasía era el encuentro entre la mente del jugador y el programa que sostiene el juego, en los juegos de simulación actuales las personas atraviesan la pantalla y las mentes con las que se encuentran son las suyas propias[6]. En los primeros videojuegos (Asteroids, Space,

---

[4] "(...) los MUD difuminan las fronteras entre el yo y el juego, el yo y el rol, el yo y la simulación. (....) la gente no sólo se convierte en lo que juega a ser, sino que interpreta lo que es o quien quisiera ser o quien no quiere ser. ¡Los jugadores a veces hablan de sus yos reales como un compuesto de sus personajes y a veces hablan de sus personajes en la pantalla como medios para trabajar en sus vidas de la vida real" (Turkle, 1997, 243)

[5] Por ser pionera y tal vez por la contundencia de sus afirmaciones, la perspectiva de Sherry Turkle se ha convertido en referencia inevitable para todo tipo de aproximación que se realice sobre temas afines. Cuando F. Revuelta Domínguez (2004) repasa sus aportes sostiene que "(....) la autora peca de parcialismo al restringir la gran mayoría de sus conclusiones a los espacios de *Mudding*, ya que no engloban las actividades de desarrollo personal que, a pesar de las edades tempranas del uso y los servicios de la Red, en aquel momento estaban en uso". J. Meneses Naranjo (2006), por su parte, realiza una relectura crítica del libro principal de la autora a diez años de su publicación. Sostiene que el planteo de Turkle sobre la construcción de la identidad se apoya en una separación entre realidad (lo presente, lo que realmente existe) y virtualidad (lo simulado, lo que no existe en realidad) que no permite determinar los marcos y reglas que estructuran el tipo y la forma en que tiene lugar la presentación de la persona.

[6] "El ordenador se puede experimentar de forma similar como un objeto en la frontera entre el yo y lo que no es el yo. O en una nueva variante de la historia de Narciso, la gente

Invaders, Pac Man) los jugadores se encontraban con la idea del programa cuando desvelaban las reglas que los sostenían. Vistos desde el punto de vista cultural representaban una transición; "Tenían una especie de transparencia que les daba una estética modernista, y por otra parte la demanda que hacían a sus jugadores de habitar sus espacios de juego anticipaba los requerimientos psicológicos de la cultura de la simulación" (Turkle, 1997: 86). A medida que se tornaron más sofisticados y complejos, los juegos se fueron haciendo más opacos. Para la mayoría de los jugadores, los videojuegos se apoyan en un conjunto de reglas (que se convierten en narraciones ramificadas) y en ideas sobre un mundo que no interesa analizar, sino habitar. Como en otras simulaciones opacas, dice la autora, la superficie del juego toma preponderancia sobre lo que yace debajo. Es cierto, reconoce, que los juegos como Sim Life enseñan a los jugadores a pensar de manera activa sobre los fenómenos complejos como sistemas dinámicos. Pero también es cierto que promueven el acostumbramiento por parte de las personas a manipular un sistema a cuyos supuestos principales no pueden acceder y cuya certeza no pueden constatar.

Simultáneamente Jean-Paul Lafrance (1995), profesor fundador del departamento de comunicaciones de la Universidad de Québec en Montreal, presentaba otro tipo de aproximación enfocando directamente el fenómeno de los videojuegos. Por un lado proponía una historia de los videojuegos organizada en cuatro períodos. Un primer período (1965-1975), al que denominaba "Los hijos de la generación Atari"; un segundo período (1975-1985) en el que se desarrollaba lo que describe como "La batalla por el mercado doméstico"; al tercero (1985-1995) lo caracterizó como "La era de los gigantes Nintendo y Sega" y pronosticó que el cuarto se iniciaría en 1995 con la llegada del multimedia interactivo y la hiperrealidad. Lafrance analizaba a la industria de los videojuegos como parte integrante de la industria cultural. La ubicaba especialmente dentro de la secuencia audiovisual o informática en el marco del sector de las comunicaciones. "En su calidad de dispositivo electrónico y de vector de la industria del

---

es capaz de enamorarse con los mundos artificiales que ha creado o que ha construido para otros."(Turkle, 1997: 41)

Unos años antes decía J. Baudrillard: "Lo que la gente contempla o cree contemplar en la pantalla de su *wordprocessor* o de su ordenador es la acción de su propio cerebro. (...) No es un imaginario narcisista el que se desarrolla alrededor del vídeo o de la estereocultura, es un efecto de auto referencia desolada" y llamaba a poner la atención sobre una de las posibles consecuencias de la conexión continua: la inutilidad potencial del mundo externo. (Baudrillard, 1990: 31).

espectáculo, los videojuegos están más relacionados con la producción y difusión audiovisual que con la industria del juguete mecánico o el campo del ocio" (Lafrance, 1995:126). Más allá de su vinculación con esta industria, el autor considera al videojuego como una *obra cultural* que tiene su propio lenguaje, con su vocabulario y una sintaxis, un repertorio de fórmulas utilizables y reglas que orientan la producción eficaz del discurso. Pero sin duda la impronta fundamental del trabajo de Lafrance es haber planteado la hipótesis de que el primer mercado de masa del multimedia interactivo es el videojuego. Sostiene además que el éxito económico de los videojuegos se basa en la necesidad de una evolución simultánea de los materiales, los interfaces y los lenguajes. De hecho, ha puesto la atención sobre el hecho de que la industria de estos juegos elaboró lenguajes interactivos y desarrolló interfaces fácilmente utilizables para un público no especializado y apto para nuevos usos.

Además de esta caracterización, el autor comenzó a explorar y producir hipótesis sobre las motivaciones de los jóvenes hacia los videojuegos. Decía, "(….) Es probable que el placer experimentado en el juego provenga de la sensación de que se es capaz de adaptarse al juego y dominarlo desde dentro. El creador del juego no es alguien que cuenta una historia o da una lección, sino un arquitecto de universos, mientras que el usuario es un héroe semejante a un demiurgo que controla el mundo que se deja crear" (Lafrance, 1995:131). Trata de señalar el lugar del receptor, que no está ahí para recibir un mensaje a interpretar, sino que casi se encuentra inmerso dentro del sentido que está creando en cada momento.

En 1997 J. C. Herz publicó *Joystick Nation* presentando una historia de los videojuegos que podría entenderse como "desde adentro". El texto ofrece un relato, articulado en torno a la experiencia personal en el MIT, del modo como estos juegos se desarrollaron originalmente y cómo fue complejizándose el diseño y las posibilidades que ofrecen. El libro comienza situando un momento cero de la historia de este tipo de dispositivos, en 1961, cuando Steve Russell escribió *Space War,* un juego para dos jugadores de naves espaciales en duelo que encendían torpedos del fotón contra un campo de estrellas electrónicas y que había sido programado en la primera computadora para utilizar una pantalla verdadera y una máquina de escribir "en vez de los apilados sin fin de las tarjetas perforadas de papel". Según Herz, "a mediados de los años sesenta, había una copia de la guerra espacial en cada computadora de la investigación en América, así como centenares de variaciones personales en el código de fuente y millones de dólares de perder tiempo a costa de la academia y al complejo militar-industrial. De esta manera, *Space War* presagió la extensión virulenta de la condenación a través de las redes de ordenadores treinta años más adelante."

La autora describe que ya a principios de los años 70, un puñado de juegos de video "antediluvianos" competía en los ciclos del tratamiento por ordenador en los ámbitos académicos. Estos protojuegos eran minúsculos y simples, dice, pero en estos desechos primitivos del código del juego, se podía prever el desarrollo de otros juegos de video de mucho mayor alcance, más complicados.

Otro juego temprano cuyo origen y alcance señala Herz es el que a veces fue llamado *Hammurabi*, y otras veces fue denominado *Kingdom*. El juego implicaba cincuenta líneas de código de BASIC que simularon un dominio feudal y constituye, dice, un antepasado distante de todos los juegos de estrategia del reino-edificio que impliquen la infraestructura y compensaciones políticas: *SimCity* sería el descendiente más ilustre.

El relato permite aprehender las condiciones de producción en que estos programas fueron escritos, cuando las computadoras eran muy grandes y costosas. Incluso algún juego que haya estado instalado en cada PDP-l en la Tierra, sería sin embargo considerado privativo para unas mil personas. En ese momento los usuarios convenían en que Space War y Moon Lander (un juego inmediatamente posterior) eran muy atractivos, pero nadie podía imaginar que las computadoras se abarataran lo suficiente como para hacerlos un fenómeno total.

Entre los trabajos de habla hispana el que puede considerarse pionero en cuanto a la exploración del fenómeno de los videojuegos es el libro de Diego Levis (1997). El autor retoma y desarrolla la idea de Lafrance según la cual los videojuegos son el primer medio de masas originado en la era informática que genera, además, importantes cifras de facturación anual. Presenta una historia de los juegos electrónicos que se diferencia de la historia popular narrada desde la experiencia personal similar a la que proponía en el mismo momento J.C.Herz. Antes bien desarrolla una caracterización de la evolución de la industria y del mercado de consumo de los juegos hogareños siguiendo en parte las pautas ya trazadas por el propio Lafrance.

Una de las hipótesis que instala Levis es la que postula que los videojuegos son precursores del multimedia interactivo (ya esbozada pero no del todo desarrollada por Lafrance), y como tales, pioneros de las tendencias actuales hacia las que se dirigen las nuevas tecnologías de la comunicación. Esa afirmación le permite desplegar un trabajo descriptivo sobre cuestiones como la relación con los viejos medios, la influencia sobre la TV interactiva, la presencia en el ciberespacio;,así como también el multimedia interactivo entendido como nuevo sistema de comunicación que permite la creación de nuevos productos culturales, y la realidad virtual como el gran desafío de futuro al que se enfrenta el entretenimiento informático.

Con la idea de analizar el impacto que este tipo de juego produce en los jóvenes y los niños, el autor presenta algunas premisas como aquella según la cual, dado que los videojuegos y otros entretenimientos informáticos ejercen una influencia cognitiva a gran escala, pueden facilitar la integración social de las personas que el desarrollo tecnológico amenaza con excluir del sistema productivo. Entre todas las dimensiones que podrían construir la noción de impacto, Levis se interesa por la influencia que el *contenido* de los videojuegos puede causar en sus usuarios. Si bien nadie niega la existencia de juegos violentos, sexistas y racistas poco recomendables para la formación de los niños, tampoco se han decidido por un análisis sistemático de esta dimensión, dice. Supone que el contenido de los juegos tiende a generar conductas agresivas, entre otras cosas porque involucran al jugador con la violencia. Además, los videojuegos proponen "una visión paranoide de la realidad en la que el jugador siempre asume el papel de víctima propiciatoria y el Otro siempre es un enemigo que debe ser eliminado. No hay historia ni contexto, sólo una amenaza y la necesidad de actuar." (Levis, 1997: 190)

Algunos años después, Levis (2002) puso su atención en las implicancias de los juegos en red. Explica que en este tipo de juegos la computadora o la videoconsola junto con el programa informático asumen rasgos similares a los de un tablero o terreno de juego en el cual dos o más participantes (individualmente o en equipo) juegan y/o compiten según reglas y objetivos preestablecidos. Existen algunos programas que estimulan el juego en equipo (como el *Counter Strike*) y los equipos pueden coexistir en un mismo local o no. Incluso hay juegos que involucran a varios miles de jugadores conectados simultáneamente (*EverQuest* y *Ultima Online*) y que el autor considera que conforman complejas comunidades virtuales que en algunos casos llegan a generar fuertes sentimientos de pertenencia. Dice Levis: "Esta tendencia, además de jugar a acercarse al otro, sea exclusivamente a través de la pantalla o también personalmente, favorece la posibilidad de conocer gente y hacer amistades y descolora las acusaciones acerca del aislamiento social al cual conducirían los videojuegos. De hecho, la creciente popularidad del juego en red ha dado lugar a la aparición de nuevos lugares de encuentro físico."(Levis, 2002: 184)

A fines de la década de 1990 produjimos nuestro propio estudio sobre videojuegos[7] en locales públicos de la ciudad de Buenos Aires enfocando diferentes aspectos del consumo. Ese trabajo, al que dedicaremos unos cuantos párrafos, ya que se constituye en una marcada referencia en el desarrollo de la presente investigación, permitía establecer el perfil socioeconómico y cultural de los usuarios de la ciudad de Buenos Aires, así como una caracterización respecto de sus principales motivaciones para el juego; los potenciales desplazamientos de consumos culturales producidos; las posibles implicancias y alcances de las características de los juegos tales como la inestabilidad y la velocidad (Cabello, 2004), entre otros aspectos. Un factor que se puso en evidencia en aquella oportunidad era el de la relevancia del problema de la sociabilidad. En este sentido, pusimos en duda la premisa que establece que el desarrollo de la tecnología de la imagen tiende a fortalecer los procesos de aislamiento en los jóvenes. De allí se desprendía una hipótesis a investigar: "Es posible que el consumo de videojuegos en locales públicos sufra un proceso de cambio desde aquel primer momento de novedad y auge de principios de los '80 hasta el escenario de los '90 que afecta las prácticas y vínculos que se construyen en dichos territorios. Estos cambios no pueden analizarse aisladamente, sino que deben pensarse en relación con las transformaciones de otras prácticas culturales de la juventud en el mismo período"; (Cabello, 2002: 135). Desde ese punto de vista, establecíamos una diferencia entre videoju-

---

[7] Cabello, R., *Nuevas Tecnologías de la Información y la Comunicación. Aspectos de la Influencia de sus Usos en el Ámbito del Esparcimiento.* Instituto de Investigación en Ciencias Sociales. USAL. El estudio se realizó en la ciudad de Buenos Aires durante los años 1997 y 1998 con el asesoramiento de E. Margiotta. El diseño, supervisado inicialmente por Oscar Landi, incluía el recurso de un conjunto de técnicas. Por un lado se realizó una encuesta coincidental con el propósito de conocer algunas de las tendencias que podrían caracterizar el consumo de videojuegos y el perfil sociodemográfico de los jugadores. Respetando las proporciones obtenidas en la encuesta y utilizando el criterio de saturación por categorías para seleccionar el tipo y cantidad de entrevistados, se realizaron luego entrevistas en profundidad a videojugadores que concurrieran a locales públicos a jugar al menos dos veces por semana, que residieran en la ciudad de Buenos Aires. También se realizaron observaciones no participantes en los locales. El análisis de la información obtenida se centró en la identificación de diferencias y, en términos generales, esas diferencias se articulaban en torno a la identificación de dos grupos etáreos: los videojugadores mayores (20-29 años) y los videojugadores adolescentes (14-19 años). Como resultado de esta indagación se obtuvo una descripción del segmento de consumidores de videojuegos en lugares públicos de esta ciudad; se estableció el lugar de los videojuegos entre otros consumos culturales (desde el punto de vista de los consumidores); se reconstruyó el modo como percibe el videojugador su experiencia lúdica y se identificaron rasgos propios de la subcultura de los videojuegos estableciendo además parentescos culturales. Ver Cabello, R., 2002 y 2004.

gadores que se iniciaron en los años 80 y videojugadores de los '90. Sobre los primeros afirmábamos que "estos *veteranos* del videojuego trasladan los hábitos del hogar al espacio semipúblico de *Sacoa*[8] y eligen la fruición a solas, casi sin establecer relaciones. Si bien privilegian pasar su tiempo libre con amigos (salidas, reuniones) porque asignan un valor supremo a este tipo de vínculos y porque el entretenimiento se significa en plural, el placer del juego es privado o, tal vez, es, a esta altura, privado, no tanto por la "naturaleza" del juego electrónico –por su "ser tecnológico"– sino porque quien está alrededor no compite como potencial rival. Entonces, la relación con la tecnología del entretenimiento no se ofrece aquí como facilitador de vínculos interpersonales, pero refuerza, por oposición, el modo en que se vivencian esos vínculos en otros ámbitos."En cuanto a los usuarios de los '90, adolescentes en su mayoría, observábamos pautas diferentes ya que constatamos que podían usar esos locales como punto de reunión con amigos. Interpretamos que el entretenimiento estaba vinculado en este caso también con la posibilidad de ver gente, incluso, de conversar. Aunque los intercambios se limitan al material que ofrecen los propios juegos, hay aquí una situación de interacción que los propios jugadores buscan –tal vez indirectamente– cuando salen de sus casas. De hecho, todos reconocen que han establecido relaciones en este ámbito. De algún modo, las describen como contactos regulares pero poco comprometidos: no es un lugar donde 'hacer amigos', pero sí 'numerosos conocidos'"; (Cabello, 2002: 136). Señalábamos que si bien esas relaciones están signadas por un carácter efímero ya que se remiten exclusivamente a los límites del salón, esos videojugadores adolescentes no tenían expectativas de involucrarse con sus pares de otro modo que pudiera resultar más estable o "profundo". Esta característica estaría relacionada con otro rasgo que identificábamos como distintivo de este tipo de contactos interpersonales: la *rivalidad*. En ese ámbito cada "otro" es un rival en potencia, un contrincante, un retador, y le cambia entonces el signo al intercambio que pasa de ser conversación liviana consensuada a una confrontación en la cual cada quien compromete sus destrezas y, en algunos casos, su pasión. Decíamos en esa oportunidad: "Tal vez estemos en presencia de un tipo particular de vínculo en el cual lo que no aparece es el *estar con* el otro, ausencia que no implica necesariamente el aislamiento o la soledad. En el salón de videojuegos, el interés no pasa por la relación con el otro en cuanto persona "auténtica", con historia y personalidad propia con

---

[8] Cadena de locales en donde se juega videojuegos.

quien pueda uno generar identificaciones y rechazos o vínculos afectivos. Pareciera que todas las categorías sociales implicadas en la construcción de los sujetos quedasen suspendidas. La relación se establece exclusivamente entre un *ser* jugador y otro; entre una máscara y otra. Y los signos que entran en Juego en el intercambio son aquellos que tanto la propia actividad lúdica como las máquinas proveen. *Estar con* el otro, sí; pero jugador con jugador"; (Cabello, 2002: 136).

Otro de los aspectos que abordamos en esa misma investigación implicó considerar el caso de los videojuegos como objetos estéticos enfocando sólo algunos de sus rasgos y pensándolos como objetos que incluyen la *inestabilidad* como tema; que se comportan inestablemente y que añaden inestabilidad a las acciones de sus usuarios[9]. El propósito fue explorar, por un lado, de qué modo los actores perciben la inestabilidad que caracterizaría a los videojuegos y, por el otro, de qué manera se manifiesta esa inestabilidad en el discurso y las prácticas de los jugadores. Una de las observaciones realizadas fue que los jugadores manifiestan claramente la relación de exterioridad con respecto a la máquina, pero evocar la situación de juego también les permite percibir que la relación se torna inestable en el sentido que plantea Calabrese, cuando el juego es experiencia vivida: "(...) en los momentos de mayor compenetración no sos consciente de si estás adentro o afuera, es raro, sos como parte de ella. En realidad estás adentro del juego", manifestaba un jugador. (Cabello, 2004: 54). Del

---

[9] Ya Omar Calabrese había descripto a este tipo de juegos como gobernados por el principio de la dinámica de las formas y por la bimodalidad de sus estructuras. Según el autor cualquier objeto cultural manifiesta una dimensión conceptual interna, posee una forma o estructura abstracta independiente de su manifestación y aplicación. En este sentido, una obra de arte y una fórmula química pueden tener el mismo modelo de articulación interna. Una de las formas subyacentes a los diferentes productos de fin de siglo XX es la *inestabilidad*. En el caso de la estética, el fenómeno de inestabilidad en los objetos neobarrocos sucede en al menos tres niveles: el de los temas y las figuras representados; el de las estructuras textuales que contienen las representaciones y el de la relación entre figuras, textos y tipo de fruición de los mismos.

En el caso del análisis que realizamos en nuestra investigación sobre videojuegos, tomamos como referencia la propuesta de Calabrese respecto de que existen en muchos videojuegos dos espacios contradictorios: el del pilotaje (subjetivo) y el de la nave (objetivo); esta disociación espacial llevaría a la percepción a oscilar entre las dos posiciones y también haría inestable la narración. Por último, Calabrese señalaba que en la mayoría de los videojuegos existen por lo menos tres elementos de inestabilidad: 1) los actores a menudo están dotados de la capacidad de transformarse, 2) en el que habíamos denominado "espacio objetivo" existe además un "espacio exterior" como continuidad que nos depara sorpresas y 3) el jugador compite siempre sobre el filo de la muerte (la muerte del héroe y la muerte del juego coinciden). (Calabrese, 1989: 122)

mismo modo los jugadores manifiestan en muchos casos cierto rasgo de impaciencia y en ese sentido interpretamos que el juego impone el ritmo generando así esa extraña oscilación entre el sedentarismo y el vértigo que puede llevar a pensar en una experiencia inestable. Por otra parte, el carácter de los vínculos interpersonales que establecen los jugadores entrevistados y que describimos en párrafos anteriores puede interpretarse también como inestable.

Pero existe además toda otra serie de observaciones que nos han llevado a pensar mejor en la experiencia de la estabilidad o la permanencia; en especial en lo que respecta a la relación de fidelidad que establecen con la práctica de videojuegos[10] y sobre todo en lo que refiere a los valores que profesan los entrevistados[11].

Finalmente podemos mencionar otro aspecto considerado en aquél estudio de finales de la década de 1990 que refiere al hecho de que las características propias de los videojuegos involucran la conformación y puesta en práctica de determinadas competencias tecnológicas. Según la interpretación realizada en aquel momento, las destrezas que los jugadores ejercitan al videojugar se identifican claramente con la velocidad de respuesta "mental" y "viso-manual" o, más generalmente con lo que ellos denominan "buenos reflejos". La mayoría de los entrevistados opinaba que esas destrezas no le sirven en otros ámbitos de la vida cotidiana, que no habría diferencia alguna entre videojugadores y no jugadores. Es posible –decían algunos de ellos– que se agilice la mente al despertar los reflejos, que se piense más rápido y, entonces, es posible también que esto contribuya, con el desenvolvimiento del sujeto en otras situaciones, pero no podían identificar cuáles.

---

[10] A juzgar por las declaraciones es la práctica interactiva (aun con sus límites) la que los seduce y los invita a permanecer fieles a los videojuegos. Fidelidad que se expresa también con respecto a los locales elegidos.

[11] Hemos visto que la idea de futuro, aunque manifiesta como algo sobre lo cual no se ha pensado demasiado, aparece articulada en torno a una vida organizada en función del trabajo seguro en la profesión elegida (aunque no se haya elegido aún), que ha de proveer los medios para el mantenimiento de la familia. Una familia que se imagina "normal", "como la propia", con un modelo de pareja estable (en la mayoría de los casos) y al menos dos hijos a quienes educar tranquilamente e incluso, llevar a videojugar. Todo esto, con la gracia de Dios, en quien creen con una suerte de fe automática, una presencia estable que se auto reproduce sin necesidad de prácticas religiosas. Incluso los políticos y la política constituyen el terreno del descrédito y la deslegitimación pero no necesariamente la oscilación. (Cabello, 2004)

2. Enfoques

A pesar de que el interés académico por el desarrollo y expansión de los juegos en red está aún en un estado embrionario –sobre todo en comparación con la atención que se brinda a otro dispositivos tecnológicos y mediáticos– podemos identificar, como decíamos en el inicio de este capítulo, una variedad de trabajos de investigación desarrollados desde las más diversas disciplinas, tales como la psicología, la sociología, la comunicación, el diseño, la economía, la educación, que se han interesado por los videojuegos o juegos de computadora especialmente desde la segunda mitad de la década de 1990.

Iniciamos entonces a continuación un recorrido que, si bien no pretende ser totalmente exhaustivo, permite reconocer los principales objetos que los han movilizado a través de una breve caracterización de algunos de los estudios producidos.

2.a) Videojuegos: valores e imágenes que transmiten

Incluimos en este apartado referencias a una serie de trabajos que han privilegiado un abordaje de análisis de contenido y que se preocupan por el tipo de propuesta que realizan estos juegos. Pero existen también aproximaciones semánticas que analizan a los videojuegos como un tipo particular de discurso.

Sin duda, uno de los principales referentes en este tipo de abordajes es Andrew Darley a cuyo trabajo dedicamos aquí un espacio especial dada la proporción de su aporte al estudio del tema. Darley (2002) señala que entre los trabajos de orientación más cultural sobre los juegos de ordenador predominan aproximaciones semánticas amplias articuladas en torno a ideas como género, militarismo, instrumentalización y consumismo[12]. Según el autor, más que realizar un análisis de forma y estilo, estos trabajos presentan interpretaciones que suponen exégesis sociales o simbólicas más amplias. Darley, en cambio, dice estar interesado en aportar un análisis formal que identifique las características distintivas fundamentales de un fenómeno que denomina "nueva modalidad de formalismo visual" del cual los juegos de ordenador forman parte (aunque los considera parte de un espacio cultural de juego de superficie y neoespectáculo).

---

[12] En este sentido el autor refiere los trabajos de Skirrow, 1986; Kinder, 1991; Provenzo, 1991; Stallabras, 1993; Woodward, 1994.

Selecciona tres juegos típicos de finales del siglo XX (*Quake, Blade Runner* y *Myst*) y los analiza en relación con los conceptos mutuamente implicados de *narración, interacción* e *imagen*. En lo que respecta a la *narración,* el autor subraya diferentes aspectos que permiten diferenciar el tipo de narración que proponen estos juegos en comparación con la narración entendida en sentido clásico, y que lo llevan a sugerir que lo que entra en vigor al jugar es algo distinto del placer de la narración. Por un lado Darley afirma que la narración de ficción queda *descentrada,* ocupa un lugar de menor jerarquía dentro de la estética de los juegos. Antes bien, para "que pase algo" en el juego, debe darse la actividad del jugador y su involucramiento con los controles. Sin embargo los juegos admiten relatos retrospectivos al final de determinados períodos (contar lo que pasó) que serán de todos modos fragmentarios. Destaca también la ausencia de profundidad psicológica de los personajes que responden más bien a estereotipos simples y poco trabajados; sostiene que la caracterización y motivación psicológica son sustituidas por problemas centrados en el jugador. Además, en el juego el enigma consiste siempre en cómo avanzar y cómo terminar (tiene en gran medida una naturaleza *técnica*). La clausura total se da poco frecuentemente (completar con éxito todos los niveles); se producen intentos de clausura, frecuentes y variables. Finalmente, llama la atención sobre la representación del tiempo como componente de la narración: observa que el tiempo ficcional resulta más o menos equivalente al tiempo de juego. Dice "(…) la narración, tal como se entiende tradicionalmente, se encuentra drásticamente constreñida, despojada de su linealidad compleja, de su 'tiempo de narración' y de su plenitud significante." (Darley, 2002: 242)

La cuestión de la *narratividad* de los juegos electrónicos ha sido abordada en diferentes trabajos. Uno de ellos es el que desarrolla G. Esnaola (2005) que analiza en particular el "caso Pokémon" considerándolo como un instrumento mediacional y señala los procesos semióticos que a él se vinculan y que muestran las características del escenario sociocultural que lo produce así como los procesos interpsicológicos que en ese entorno se generan. Desde otra perspectiva y con otros intereses, L. Klastrup (2002), focaliza las formas de interacción y los agentes en el mundo virtual proponiendo una distinción entre agentes básicos en el mundo virtual: jugadores, objetos y reglas. Estos agentes están implicados en 4 formas básicas de interacción: navegación, manipulación, interacción social y recuperación de información. El investigador sostiene que enfocar cómo son empleadas estas diferentes formas de agentes y formas de acciones puede ayudar a pensar más de cerca sobre la construcción de narrativas emergentes en entornos multiusuarios.[13]

Darley también se preocupa por la idea de *interacción* refiriéndose en realidad a lo que suele denominarse *interactividad*. Sostiene que en el juego lo "interactivo" se vincula con un modo característico de *relacionarse* con representaciones o ficciones audiovisuales (el jugador controla, al menos en parte, lo que sucederá dentro de la pantalla). Esto supone, entre otras cosas, que deben adquirirse destrezas, lo cual constituye un factor importante en la experiencia del juego. La habilidad permite al jugador realizar acciones cinestésicas como correr o saltar *en el interior* de una escena mostrada en la pantalla. Esta implicación física o de "control manual" que el juego otorga al usuario constituye una de las características distintivas del género. "(…) para muchos, la adquisición de las respuestas casi automáticas necesarias para jugar este tipo de juegos con éxito es lo que proporciona la mayor parte del placer." (Darley, 2002: 249). Por otra parte, Darley presenta un concepto cuyo uso se ha extendido a varias investigaciones sobre los videojuegos: el de "jugabilidad". Dice que según Hayes, Dinsey y Parker (1995) "Se trata de la diversión, de la dificultad y de la destreza derivadas y obtenidas del control de las opciones que se presentan en pantalla." Darley agrega que la "jugabilidad" consiste en la ilusión de presencia por la que el jugador tiene la impresión de albedrío dentro del universo del juego.

Algunas investigaciones se han dedicado a analizar los aspectos vinculados con el diseño de los juegos. P. Judmaier, G. Piringer y J, Piringer J. (2002), por ejemplo, analizan un juego (*Myzel*) que lleva a los jugadores a negociar y cambiar las reglas de su mundo virtual. Tienen que crear reglas de legislación, recursos, organización de economía política y otras áreas. Esto ayudaría a los jugadores a comprender los complejos funcionamientos internos de las sociedades modernas[14].

Otro aspecto que enfoca Darley es el de la *imagen*. A este respecto dice que en estos juegos, a partir de un perfeccionamiento constante de la representación visual, se consigue una sensación intensificada de presencia o realidad. No se trata de una intensificación semántica sino más bien de los encuentros sensacionales y espectaculares con las imágenes. Sostiene que se le permite al espectador relacionarse con las imágenes de diversas maneras: con la exploración arquitectónica; con la orientación

---

[13] Otra vía de aproximación a este tema puede verse en Madsen y Johansson Troels (2202).

[14] Otros trabajos asociados a este tipo de perspectiva son el de McGonigal (2003) y Johansson (2003).

topográfica; la relación con las imágenes como indicadoras de aspectos a los cuales hay que responder. A pesar de que las imágenes también existen para ser contempladas, el espacio que queda para un significado estético complejo es escaso.

Este tipo de estudio ha dado lugar a perspectivas que buscan analizar los parentescos de los videojuegos con otras formas de producción audiovisual como puede ser el cine. Un ejemplo de estas vías de abordaje es el trabajo de G. King, y T. Krzywinska, (2002) que explora puntos de contacto entre juegos de computadora y aspectos del cine al tiempo que trata de iluminar también las diferencias correspondientes. El foco principal está puesto en las cualidades formales/textuales de los juegos en relación con el cine, incluyendo también referencias a aspectos industriales y de contexto cultural en sentido amplio.

Existen también otros modos de realizar análisis de juegos. Uno de ellos es el que se propone en un trabajo de José Antonio Ortega Carrillo[15] de la Universidad de Granada, cuyo propósito es proveer de un instrumento de un instrumento que permita el análisis de videojuegos. El autor presenta un primer borrador de pautas para la valoración crítica del contenido ético, estético y educativo de los videojuegos. Esta guía se compone de 9 partes: análisis morfosintáctico y estético, análisis semántico e interpretativo (en clave psicopedagógica), análisis afectivo-emocional, valoración ética (actitudes y valores), juicio sobre la utilidad educativa del videojuego y de la edad mínima recomendada de uso, información mínima que debería aparecer en el etiquetado del producto para que padres y usuarios conozcan su contenido real, análisis crítico de los contenidos de las webs existentes sobre el videojuego, otras observaciones de interés educativo y relación de autores del estudio. Este instrumento se desarrolló con la colaboración de alumnos de magisterio, sociólogos y pedagogos de la sección de Investigación de la Asociación para el Desarrollo de la Comunidad Educativa de España.

El análisis de juegos de computadora ha dado lugar a una extensa variedad de propuestas metodológicas (Aarseth; E., 2003; Innocent, T., 2003, entre otros). En este caso, además de la de Ortega Carrillo podemos comentar la que presenta L. Konzak (2002) en la cual se describe un método para analizar juegos de computadora basado en los propios juegos en particular y que no consiste por lo tanto en la trasposición de otro campo

---

[15] "Análisis crítico de los valores que transmiten los videojuegos. Descubriendo su potencial seductor de naturaleza subliminal", Disponible en www.ugr.es/-sevimeco/bibl iotecaltecnologías/documentos/análisis _valores _ subliminales _ videojuegos.doc.

de estudios. El método se basa en 7 dimensiones distintas del juego de computadora: hardware, código de programa, funcionalidad, juego del juego, significado, referencialidad y aspectos socioculturales. Según Konzak, cada una de estas dimensiones debe ser analizada individualmente pero una aproximación completa a cada juego de computadora debe ser realizada desde cada uno de los ángulos.

Una de las preocupaciones que se cuenta entre las que más estudios han movilizado es la de la relación entre el consumo de videojuegos y la violencia. En ese sentido las investigaciones pueden alinearse en la tradición de estudios sobre violencia y otros medios de comunicación como televisión o historietas. Además, preocupaciones de ese tipo están en la base de corrientes de opinión que consideran que le corresponde al Estado velar por el bienestar de los usuarios y destinatarios de ese tipo de discurso. En Argentina, la Ley Nacional 26.043, sancionada en 2005, establece la "Leyenda que deberán llevar los envases en que se comercialicen los videojuegos". Esa ley instituye la obligatoriedad de imprimir en los mismos la leyenda "la sobreexposición es perjudicial para la salud", lo cual implica una clara concepción sobre los efectos potenciales del consumo de este tipo de juegos. Además establece que se deberá incluir la calificación "Apta para todo público", "Apta para mayores de 13 años" y "Apta para mayores de 18 años" según corresponda.

En relación con el tipo de investigaciones que mencionamos hasta aquí ordenaremos variadas referencias en dos espacios diferentes. En este apartado incluimos abordajes realizados por la vía del análisis de contenido y referiremos a otro tipo de aproximaciones que mantienen la misma preocupación en apartados subsiguientes.

En "Niños, pantallas y violencia", Felix Etcheberria (2005) presenta un repaso de las diferentes perspectivas que existen respecto de los supuestos efectos negativos de la violencia vista en TV y en los videojuegos. Sostiene que hay coincidencia de conclusiones entre la *perspectiva liberal* y la *crítica*, para las cuales esos supuestos efectos nunca se han probado y la tendencia a legislar censurando la violencia en la TV y en los videojuegos es una expresión del modo como los gobernantes buscan reducir las libertades y tutelar lo que los ciudadanos pueden y no pueden ver. Por otro lado identifica la *perspectiva catártica* que sostiene que el consumo de violencia así mediado permite desahogar las pulsiones y tendencias agresivas de los usuarios, consiguiendo un efecto menos pernicioso que terapéutico y tranquilizador. En tercer lugar reconoce la *perspectiva de la causalidad compleja* que "parte del principio de que la agresividad en niños y jóvenes está motivada por diversos factores, desde los biológicos, pasando por la situación familiar y social, hasta determinados rasgos de personalidad y accesibilidad a las armas. En este contexto, la influencia de la violencia en la TV y los videojuegos tiene un papel, no el único, de relativa importancia". Agrega que en comparación con los estudios realizados sobre impacto de los contenidos violentos que se transmiten por televisión, existen menos investigaciones que enfocan el impacto de los contenidos violentos de los videojuegos. Sin embargo, dice, parece correcto presumir que ocurre lo mismo con los juegos interactivos que con la TV. En este sentido hay estudios (Subrahmanyam y otros, 2003; Bushman y Huesman, 2003) que muestran que la relación entre la violencia filmada y la violencia real es interactiva: los violentos usan los medios de comunicación para reforzar sus creencias y actitudes, y eso los hace más violentos aún.

En relación con este tema puede observarse la publicación de conclusiones del II Seminario Internacional sobre videojuegos en donde puede leerse: "Al contrario de lo que algunos piensan, esta forma de ocio mantiene o mejora la vida en el hogar. Así lo han manifestado los expertos académicos en el II Seminario Internacional sobre Videojuegos organizado por la Universidad Europea de Madrid en abril de 2006[16]. (…) Los expertos académicos también han aportado datos que demuestran que respecto a conductas agresivas no hay diferencias significativas entre jugadores y no jugadores. Los estudios específicos también descartan claramente que los videojuegos generen adicción."

Otro eje de análisis está dado por la perspectiva de género. Según J. Bryce y J. Rutter, (2002) los análisis textuales y de contenido han predominado en las aproximaciones a la relación entre juegos de computadora y género, a expensas de una comprensión más amplia del juego. Proponen una investigación que examina los juegos de computadora a través del contenido de género de los mismos así como de los espacios de juego y las actividades. Los resultados sugieren que a pesar del estereotipo popular sobre el jugador de videojuegos como un masculino antisocial, se incrementa la evidencia sobre el juego femenino. A partir de ese enfoque sugieren la necesidad de examinar la relación entre el género y esta actividad con mayor profundidad y en los contextos cotidianos. Los autores examinan los juegos de computadora como un espacio potencial para transformar los estereotipos dominantes sobre género relacionados con

---

[16] Para mayor información sobre las características del evento y los aportes de los conferencistas puede consultarse el sitio www.uem.es/noticias/agenda/historial-eventos.

la producción y consumo del ocio contemporáneo. En una línea similar, M. Flanagan (2003) analiza el juego *Sims* y reflexiona sobre qué sucede cuando los video games, espacios originalmente masculinos creados por hombres, se combinan con espacios domésticos. El espacio doméstico, dice, ha sido históricamente asociado a lo femenino, entonces, jugar un juego situado en una casa puede resultar en una especie de "feminización" del jugador. El hecho de que el juego *Los Sims* sea popular entre mujeres y chicas también sostiene esta tesis. La feminización se realiza a través del diseño del espacio de juego, a través de las tareas del juego y sus objetivos y más allá, esta feminización es reflejada socialmente a través de la dominancia de la cultura del consumo. E. Díaz Gutiérrez (2004), por su parte, publica un trabajo que define y ejemplifica una serie de modelos en los que los personajes femeninos aparecen habitualmente en claves estereotipadas y estereotipantes. La idea de que el mundo de los videojuegos es claramente machista parece estar muy instalada entre los investigadores que se dedican a la perspectiva de género. Se destaca el hecho de que los videojuegos están hechos para chicos, pensados para un imaginario masculino y responden a lo que desde la representación social serían los deseos, afinidades y aficiones de los varones. Según E. Rodríguez (2002), contenidos, estética y personajes están pensados para chicos, al punto que las chicas que juegan llegan a estar mal vistas, sobre todo por sus propias compañeras. Desde el discurso de las mujeres, los videojuegos serían una pérdida de tiempo. La investigadora entiende que se genera una perspectiva de género que trabaja la idea de la exclusión, con la autojustificación de la propia postura y la descalificación del otro, sin que eso implique que efectivamente no haya una diferencia en la percepción del fenómeno a partir de la diferenciación que implica el género.

2.b) Videojuegos: aproximaciones desde el campo de la psicología y sobre la relación con la corporalidad.

El consumo de videojuegos ha motivado el interés de psicólogos de diferentes especialidades y orientaciones. La influencia sobre las emociones; sobre la configuración de la identidad o la producción de adicciones, son algunas de las temáticas que más se han explorado.

Según los análisis que ha realizado Mora Belvy (2003), en la medida en que las pautas de relación instauran un orden de convencionalidad, las identidades construidas en la Red adquieren el valor simbólico necesario para generar procesos de sociabilidad, en los cuales los límites entre lo real y lo ficcional ceden, configurando un eje emergente de vivencia emocional. Este proceso de orden estético, convencional, lúdico y cooperativo constituye en la sociabilidad virtual lo que podría denominarse "ritual de simulación".

La preocupación por los efectos que pudiera causar el uso de las tecnologías de la información y la comunicación (TIC), entre las cuales se cuentan los videojuegos y juegos en red, en el sentido de generar adicciones, ha promovido la realización de variados estudios. Erica J. Zelener (2003) analiza el fenómeno del IRC (Internet Relay Chat) –forma de comunicación en tiempo real– y sus implicancias y efectos sobre los sujetos que participan en dichas conversaciones en relación a los procesos adictivos que pudiera ocasionar. A lo largo del trabajo observa las comunidades virtuales mediadas por PC y particularmente el caso del IRC en relación con la adicción. Considera que una de las cuestiones centrales es examinar la manera en que los sujetos hacen uso de la tecnología y de qué modo afecta su conducta, sus pensamientos y las relaciones generadas, si en un futuro será una nueva forma de comunicación o si se puede pensar en términos de adicción, hobbie o hábito.

En lo que respecta al caso específico de los videojuegos, el Departamento de Psicología del Institut Psiquiàtric[17] publica un trabajo en el que se intenta verificar la posibilidad de un uso compatible con el modelo adictivo en la utilización de videojuegos domésticos. Los investigadores describen el método de trabajo indicando que se ha seleccionado un grupo de jugadores de un sitio público, que no disponían de máquinas similares en sus domicilios, y se ha estudiado la evolución del tiempo de juego y de la duración media de cada sesión durante un período de cinco meses. Como resultado del seguimiento se verifica un uso importante durante el primer mes, que tiende a decaer en los siguientes cuatro meses, y esa evolución resulta compatible con una curva de extinción. Los responsables señalan que estos resultados son coincidentes con los de anteriores investigaciones y tienden a descartar la posibilidad de una conducta adictiva ligada al videojuego. Juan A. Estallo Martí, responsable del Departamento, ha enfocado esta problemática también en otro trabajo: "Psicopatología y videojuegos" (2000). En esa oportunidad estableció que al momento de la investigación no existía ningún dato riguroso que haga suponer la posibilidad de una evolución comparable a la de un trastorno adictivo o del control de los impulsos en los jugadores de videojuegos. El

---

[17] "Videojuegos, efectos sobre el comportamiento. (Una aproximación al estudio de la dependencia de los juegos de alta tecnología)". Publicado en: *Psichotema*. 6,2, 181-190, disponible en http://www.geocities.com/hotsprings/6416/#resumen.

investigador se preguntaba además si es posible encontrar entre los jugadores de videojuegos características que se verifican entre los jugadores
patológicos (optimismo irracional, pensamiento mágico, sentimientos
de culpa, autocompasión y síndrome de abstinencia). La respuesta que
dio fue negativa, estableciendo también que el único factor común entre
ludópatas y jugadores de videojuegos es la tendencia a la extroversión,
lo cual se entiende como un rasgo demasiado general compartido entre
numerosos colectivos. Sin embargo, Estallo Martí apunta que uno de los
trabajos más específicos sobre este tema es el de Creasey y Myers (1986),
que estudiaron los efectos del videojuego sobre las actividades cotidianas
de niños de 9 a 16 años. Luego de haber comparado tres grupos de sujetos,
cada uno de ellos con características diferentes en cuanto a su relación o
no con los sistemas de videojuegos domésticos, establecieron que en las
primeras semanas de la actividad relacionada con el videojuego se producía
un incremento que devenía luego en una brusca caída de su frecuencia: el
videojuego coexistía con las demás actividades de los sujetos. Las actividades escolares, la interacción con los amigos y las actividades al aire libre no
se vieron interferidas por el videojuego en ningún momento. Únicamente
el tiempo destinado a ver televisión disminuyó en los primeros días en
que se disponía de un sistema doméstico de videojuegos.

Por su parte, Alberto Balaguer (2002) de la Universidad de la Repú-
blica (Uruguay), reflexiona acerca de la influencia de los videojuegos e
Internet en las nuevas generaciones. Presupone que los video juegos e
Internet proveen a las nuevas generaciones de experiencias que parecieran
originar distinto tipo de consecuencias. Destaca que Internet colabora en
estas nuevas experiencias siendo un proveedor de información inigualable
en cuanto a cantidad y discutible en cuanto a pertinencia. Con relación
a las consecuencias adictivas de los videojuegos y de Internet afirma que
los resultados se hallan condicionados dependiendo de la teoría desde la
cual se realice la exploración.

En un estudio anterior del Departamento de Psicología del Institut
Psiquitric (1992) se sostiene que la información acumulada en sus investigaciones es concluyente en cuanto a conceptualizar que esta forma de ocio
no supone mayores riesgos que ver televisión o jugar con juegos de mesa.
"Los adolescentes que habitualmente juegan 'Arcades', dice, no presentan
tasas de trastornos de conducta, abuso de tóxicos o conflictividad familiar
mayores que las de aquellos sujetos que no utilizan esta forma de ocio.
Contrariamente podemos señalar que se ha establecido una clara relación
entre la extroversión, la sociabilidad y los videojuegos. Añadiéndose, en el

36

caso de las mujeres, la necesidad de logro." Además, en relación al tema de la agresividad se ha establecido que los jugadores de videojuegos presentan entre sus comportamientos habituales conductas más agresivas que los no jugadores; no obstante no es posible determinar si los sujetos agresivos tienen mayor preferencia por los videojuegos, o bien son los videojuegos quienes determinan una pauta de conducta de estas características.

Finalmente, vale mencionar en este apartado otro tipo de aproximaciones que se preocupan por la relación que se establece entre la práctica de videojuegos y la corporalidad, ya sea desde el punto de vista del usuario como desde el propio diseño del juego. En este último sentido resulta interesante la preocupación que se observa en algunos trabajos de Palo Alto Research Centre que analizan el modo como los diseñadores de videojuegos logran o no comunicar los gestos de los protagonistas. En general concuerdan en que la gestualización resulta una experiencia inusual y que en muchos casos los gestos deben ser creados a través de la captura de movimientos. Diferentes juegos emplean distintas aproximaciones pero todos enfrentan el problema de que las expresiones faciales de los avatares son generalmente difíciles de ver. Esto se debe principalmente a que el punto de vista del jugador está desencarnado (disembodied); se trata de una distancia desnaturalizada que torna difícil ver las expresiones de manera realista y proporcionada. Algunos juegos (*Warcraft* y *EverQuest*) directamente no realizan animación de las expresiones faciales y presentan en cambio *emoticones* (text emotes); otros juegos (como *Star Wars Galaxies* y *Second Life*) incluyen algunas animaciones faciales pero son acompañadas por *emoticones* y usualmente los jugadores se orientan más por ellos que por las animaciones. Hay juegos (como el *EverQuest I*) que abandonaron el intento de animar la cara (en la mayoría de los casos) y en lugar de eso intentaron traducir expresiones faciales comunes a gestos corporales gruesos. Otra aproximación pudo ser amplificar las expresiones faciales de los avatares que las hacían más grandes de tamaño. En todo caso, un señalamiento que se desprende de este tipo de preocupaciones es que en la mayoría de los casos el sistema genera un *emoticón* público describiendo el gesto. De modo que estos sistemas simulan un mundo en el cual cuando la gente gesticula, simultáneamente también anuncian lo que están haciendo. De hecho, en muchos casos, incluso no sería necesario realizar la parte visual del gesto[18].

---

[18] Este tipo de abordajes puede consultarse en trabajos como "A nod's as good as a wink to a blind bat!" y "Hearing waves and bows", producidos en Palo Alto Research Centre y

Desde otro punto de vista hay trabajos, como el de Eugine Shinkle (2003), en los cuales se sostiene que la virtualidad es una existencia corporizada que requiere una aproximación histórico/crítica que la reconozca. Basado en la fenomenología e históricamente rastreado en el paisaje del siglo XIX, dice el investigador, el personaje corporeizado y afectivo de la existencia interfaz se articula a través del concepto de sujeto anamórfico.

2.c) Videojuegos y educación

Educólogos de diferentes proveniencias han demostrado en los últimos años un marcado interés por el fenómeno de los videojuegos. En términos generales, puede decirse que los dos principales ejes en torno a los cuales se han estructurado las inquietudes son la cuestión del aprendizaje (que da lugar a estudios que enfocan, por ejemplo, aspectos cognitivos) y la cuestión de la enseñanza (que da lugar a estudios que apuntan, por ejemplo, a explorar los posibles usos didácticos de los videojuegos). En este apartado referimos entonces tanto investigaciones como ensayos y artículos que se dedican a estos temas.

Investigaciones que enfocan la relación entre videoiuegos y educación:

Uno de los trabajos más completos que puede consultarse en esta línea de análisis es el que ha desarrollado el Ministerio de Educación y Ciencia de España, *Video juegos y Educación* (2002). Los autores; A. Méndiz, J. Pindado J. Ruiz y J. Pulido, realizan una revisión de la investigación realizada hasta el momento sobre dicha temática e identifican dos líneas bastante definidas que describen como: investigaciones *sobre el contexto educativo* de los videojuegos (consumo de tiempo por parte de los adolescentes; las diferencias de género en el comportamiento con los juegos electrónicos; videojuegos y actitudes violentas aprehendidas), por un lado, e investigaciones *sobre los efectos educativos* de los videojuegos (adquisición de destrezas y habilidades; influencia sobre pensamiento y capacidad cognoscitiva; difusión de ideas y valores; la socialización, etc.), por el otro.

En lo que respecta al segundo de los tipos identificados, los autores destacan los trabajos realizados investigando las destrezas y habilidades que pueden desarrollar los videojuegos en los chicos. Según su releva-

---

publicados en *PLAY ON. Exploring the social dimensions of virtual words*, disponible en http://blogs.parc.com/playon/archives/2006/02/hearing_ waves _ a. html#more.

miento, una gran parte de estos estudios se desarrollaron por cuenta del Departamento de Psicología de la Universidad de California[19] En términos generales ,los estudios coinciden en destacar la influencia de los videojuegos en la adquisición de habilidades y destrezas como percepción y reconocimiento espacial; discernimiento visual y separación de la atención visual; desarrollo lógico inductivo; desarrollo cognitivo en aspectos científico-técnicos; desarrollo de destrezas complejas; representación espacial; descubrimiento inductivo; desarrollo de códigos icónicos; construcción de género; desarrollo de capacidades de tipo multisensorial, habilidades ligadas a la lateralidad y la coordinación óculo manual (Casey, 1992; Jackson y otros, 1993; Keller, 1992). En relación con este tipo de abordaje se encuentra la reflexión sobre la necesidad de incluir el estudio del fenómeno de los videojuegos como parte de la denominada alfabetización de medios. Diferentes dimensiones son señaladas como ejes de esa inclusión, por ejemplo su valor estético en relación con el arte narrativo (Flood, Heath y Lapp, 1997) o la discusión sobre los valores que transmiten y sus posibles efectos perniciosos (Hepburn, 2000 y 2001; Fortis-Diaz, 1997). Según A. Méndiz y sus colaboradores, hay varios estudios que se interesan por incluir la discusión sobre los videojuegos para potenciar la alfabetización clásica; en especial, la lectura. Entre ellos, destacan los de Blaisdell et al. (1999), que plantea la necesidad de potenciar la lectura creativa; Carr *el al.* (1995), Haverty *el al.* (1996), Johnson y Reed (1996); Y Krug y Fordonski (1995).

La relación entre la práctica de videojuegos y la adquisición de habilidades y destrezas se cuenta entre las constataciones más habituales. En la Universidad Nacional de Córdoba (UNC), Argentina, L. Luke ha coordinado desde 1999 investigaciones que realizaron alumnos de esa universidad como tesis de grado, en las que trataron con grupos de adolescentes y mayores que concurren a diferentes lugares semipúblicos, como los cibercafé, para jugar en red. De acuerdo con sus observaciones los videojuegos en red son importantes para los adolescentes porque les permiten desarrollar el pensamiento lógico formal; les favorece una respuesta más rápida a los estímulos visuales y auditivos; les brinda una nueva manera de compartir con sus pares, lo cual entiende como una actividad que los jóvenes y adolescentes necesitan para marcar el paso de la familia a la sociedad. En

---

[19] Cuatro de estos estudios pueden consultarse en el N° 15 de la revista *Journal of Applied Developmental Psychology* (Enero-Marzo de 1994), y otros seis están publicados como capítulos dentro del libro *Interacting with video: Advances in apllied developmental psychology*, editado en 1996

cuanto a la potencial influencia del nivel de violencia de sus contenidos, las investigaciones realizadas en la UNC no indican que los videojuegos sean un elemento que torne más agresivos a los adolescentes.

Por su parte A. M. Calvo Sastre (2000) ha realizado un estudio que le permite establecer que los videojuegos, además de su componente lúdico, disponen de un potencial instructivo importante especialmente en el ámbito del desarrollo de habilidades cognitivo-espaciales tales como la visualización espacial o la coordinación óculo manual. Sostiene también que los videojuegos proporcionan una serie de recursos que los programas educativos pueden aprovechar, entre los que destacan: su capacidad motivadora, el elevado grado de implicación activa del usuario, el feed-back continuo e inmediato entre el videojuego y el jugador y el fomento de habilidades y destrezas varias especialmente necesarias en la resolución de problemas (ensayo y error, generación de normas, comprobación de hipótesis, generalización, etc.). Agrega que, en consecuencia, la formación centrada en los videojuegos se caracteriza por ser una formación práctica, interactiva, que aprovecha las ventajas motivadoras de estos juegos para aumentar el interés del usuario y la eficacia instructiva.

Ensayos que proponen una perspectiva vinculada con la educación:

En "Juegos y las nuevas tecnologías" A. García y V. Muñoz-Repiso de la Universidad de Salamanca[20] reflexionan sobre las posibilidades de las nuevas tecnologías y su utilización lúdica para el aprendizaje. Entre otras, una de las conclusiones principales es que las nuevas tecnologías se deben convertir en una fuente de recursos para hacer uso siempre que faciliten la realización de determinadas tareas que potencien las capacidades. En este sentido adquiere importancia la necesidad de formación en nuevas tecnologías, principalmente para los. maestros y profesionales de la educación.

"Videojuegos: lenguajes detrás del juego" (2004), de Diego Levis, es un artículo en el cual se propone que algunos de videojuegos considerados más violentos pueden ofrecer una vía interesante para trabajar la cuestión de la violencia en el aula. Al mismo tiempo, estos juegos ofrecen una oportunidad para avanzar hacia una perspectiva de alfabetización digital que trascienda su mera relación con la adquisición de competencias en el uso de aplicaciones informáticas y que se asocie con la comprensión y

---

[20] Disponible en www.sav.us.es/pixelbit/artículos/n13/n13art/art137.htm

dominio del lenguaje en el que están codificados los programas. Según el autor: "Los usuarios de los populares *Quake* y *Quake* II, por ejemplo, no sólo disponen de herramientas para modificar el juego sino que también pueden acceder al código fuente del motor de programación en el que están escritos". Aclara que muchos aficionados aprovechan estas posibilidades para introducir modificaciones en diferentes aspectos del juego como escenarios o personajes y afirma que en sus niveles superiores, la escuela puede también aprovechar esta oportunidad como modo de otorgar un sentido social y cultural a la incorporación de la PC en las aulas.

Por el contrario, Iván Fernández Lobo (2004) sostiene que cuando se trata de usuarios no avanzados (refiriéndose en realidad a los docentes) conviene dejar de lado la expectativa respecto de la programación y usar herramientas de alto nivel (como Macromedia Flash, Macromedia Director, Adobe Atmosphere y otras) pero que requieren una curva de aprendizaje menos pronunciada que los lenguajes de programación, y permiten desarrollar sistemas interactivos de gran potencia con relativa facilidad y rapidez. "Estos sistemas pueden ser compartidos por el resto de la comunidad docente, que tiene la opción de utilizarlos en sus clases e incluso de intentar mejorarlos."

Por último, el artículo "La dimensión socioeducativa de los videojuegos" (2000) de Begoña Gros Salvat, del Departamento de Teoría e Historia de la Educación de Barcelona, propone ofrecer un marco de reflexión sobre las ventajas que tiene utilizar los video juegos como un material informático más dentro de la escuela. El planteo que se desarrolla se orienta a llamar la atención acerca de la introducción del videojuego en la escuela afirmando que el juego se transforma porque ya no es un programa para jugar sino que tiene una intencionalidad educativa (desarrollo de habilidades, motivación de los alumnos, enseñanza de un contenido curricular específico, etc.). En definitiva, advierte que la dimensión lúdica del proceso educativo no debe quedar relegada a los juegos tradicionales.

2. d) Videojuegos y los juegos en red: clasificaciones

Hemos reservado un espacio en este capítulo para abordar un aspecto que resulta motivo de diferentes discusiones e intercambios entre los investigadores dedicados a este tema: el de la necesidad de clasificar los juegos para su posterior estudio. A este respecto se han presentado distintas perspectivas que organizan las clasificaciones en torno de parámetros diversos. Presentamos a continuación algunas de ellas:

- A través de un estudio realizado en la Universidad de Palmas de Gran Canaria[21] se ha intentado producir una clasificación de los juegos atendiendo a <u>criterios pedagógicos.</u>

En principio los investigadores recogen la propuesta de Etxeverría (1997) que, según sostienen, ha sido efectuada desde una doble vertiente. Por un lado se han diferenciado los videojuegos en función de las habilidades y recursos psicológicos necesarios para su utilización atendiendo a aquellos que implicarían el uso de habilidades visomotoras y aquellos que incluirían diversas aptitudes, que los investigadores resumen en: estrategias de solución de problemas; establecimiento de relaciones causales y toma de decisiones. Aclaran que a su vez cada uno de estos grupos ha sido subdividido en una serie de categorías relacionadas con el desarrollo del juego, su temática e incluso su grado de relación con la realidad.

- Funk y Buchman (1994) clasificaron los juegos en seis categorías de acuerdo con su <u>contenido:</u> (1) Entretenimiento General, (2) Educativos, (3) Violencia Imaginaria, (4) Violencia Humana, (5) Juegos no Violentos y (6) Violencia en Deportes.

El propósito de esta clasificación era establecer las preferencias en cuanto a juegos por parte de niños y niñas. Como resultado de su investigación encontraron que no hay diferencia entre la proporción de juegos violentos escogidos como favoritos entre niñas y niños (se trataba de alumnos de sexto curso). Sin embargo, han advertido también que los niños suelen escoger juegos con violencia en deportes, mientras que las niñas juegos con violencia imaginaria. Además, Buchman y Funk (1996) encontraron que las niñas son más propensas a elegir juegos educativos, pero que la preferencia por juegos educacionales estaba en decadencia en el caso de ambos sexos. En cambio la preferencia por los juegos violentos se mantiene para ambos sexos en el transcurso de diferentes cursos.

-Por su parte, los investigadores de la Universidad de Palmas presentan una propuesta de clasificación de los videojuegos apoyada en el análisis de <u>contenido:</u>

a) Producciones cerradas: explícitamente violentas, en la que el único objetivo del juego es la destrucción de otros, normalmente se apoyan

---

[21] Fan'ay Cuevas, J., Aguiar Perera, Y., Bonny Fan'ay, A., Calvo Farray, M. (2002) "Videojuegos: instrumento de cultura vs cultura de la tortura", Universidad de las Palmas de Gran Canaria, publicado en Cultura y educación en la Sociedad de la información, Netbiblo; disponible en http://dewey.uab.es/pmarques/evte/josefal.doc.

en valores sexistas, racistas, de discriminación étnica y son una apología de la fuerza y la violencia; (Mortal Kombat).

b) Producciones medias: de contenido no violento pero de marcado carácter antidemocrático. Estos juegos representan una visión estereotipada de la realidad, ayudan a formar un pensamiento acrítico y alienante y refuerzan la adopción de contravalore; (Theme Hospital).

c) Producciones flexibles: videojuegos comerciales pero adaptables y apropiados para desarrollar contenidos curriculares; (The Sims).

b) Producciones educativas: material curricular, diseñado con propósito instructivo.

Fuera del ámbito de la investigación académica podemos identificar una publicación electrónica denominada *MeriStation. De videoadictos para videoadictos*. Allí se propone una clasificación de videojuegos organizada en torno a <u>géneros</u> y que parece apoyarse en los usos de los juegos. De ese modo los tipos que resultan son: acción, arcade, aventura, conducción, deportivo, estrategia, plataformas, puzzle, rol, simulador, infantiles.

El cuadro que sigue presenta de manera gráfica las diferentes propuestas de clasificación:

Autores	Criterio de clasificación	Tipos de juegos
Etxeverria (1997)	Pedagógico	* Juegos que involucran el uso de habilidades visomotoras. * Juegos que involucran estrategias de solución de problemas; establecimiento de relaciones causales y toma de decisiones.
Funk y Buchman (1994)	Contenido	* Entretenimiento General * Educativos * Violencia Imaginaria * Violencia Humana * Juegos No Violentos * Violencia en Deportes

Autores	Criterio de clasificación	Tipos de juegos
Farray Cuevas, Aguiar Perera, Bonny Farray y Calvo Farray (2002)	Contenido	* Producciones cerradas: el único objetivo del juego es la destrucción de otros. (Mortal. Kombat) * Producciones medias: contenido no violento pero de carácter antidemocrático. (Theme Hospital) * Producciones Flexibles: comerciales pero adaptables para desarrollar contenidos curriculares (The Sims) * Producciones educativas
Group F9 (2004)	Combina diversos criterios	* Juegos de (Tekken, Mortal Kombat) * Juegos de estrategia (Age of Empires) * Juegos de aventura (Indiana Jones) * Juegos de rol (Final Fantasy VII) * Juegos de deporte (Golf, Tenis, PC Futbol) * Simuladores (SimCity 3000, Los Sims) * Juegos "clásicos" o de tablero, (Buscaminas, Solitario),
MeriStation (2005)	Géneros y usos de los juegos	* Acción * Arcade * A ventura * Conducción * Deportivo * Estrategia * Platafornias * Puzzle * Rol * Simulador * Infantiles

2.e) Videojuegos, pautas culturales y aspectos de sociabilidad.

En términos generales podríamos decir que el conjunto de trabajos que sintetizamos en este apartado es el que se relaciona de manera más directa con el tipo de dimensiones que nos interesa explorar en este libro.

Según G. Esnaola (2004), el juego en los niños resulta una actividad prioritaria en su proceso de apropiación de significados culturales a través de los instrumentos mediacionales regulados por la cultura misma. En tal sentido los videojuegos, inscriptos en el orden de objetos de consumo masivo, representan un claro ejemplo de instrumento cultural regulado por la cultura dominante, globalizada y tecnológica tanto en su formato: juguete sin antecedentes históricos) como en sus narrativas. En el marco de esa caracterización existen diferentes modalidades de aproximación y distintas dimensiones de análisis que son abordadas por investigadores de variadas procedencias.

A partir del presupuesto de que los videojuegos establecen y mantienen en sus contenidos determinados niveles de actitudes violentas, sexistas, discriminadoras, intolerantes, etc., un grupo de investigadores coordinados por Elena Rodríguez San Julián[22]se propone estudiar la complejidad social y el rol instrumental de los mismos. Para ello combinan distinto tipo de metodologías tales como entrevistas en profundidad, encuesta, grupos de discusión y técnicas de análisis de contenidos de los juegos. El resultado del estudio establece una clasificación de los videojuegos (en uso, frecuencia, tiempo dedicado, etc.) y se centra especialmente en algunas de las características de los perfiles de los jugadores.

Uno de los aspectos que analizan es el de las preferencias de ocupación del tiempo libre de los jóvenes, los perfiles de quienes tienen esas preferencias y el espacio de los videojuegos en ese marco global. Para el análisis, ordenan las actividades del tiempo libre en dos bloques: las que se realizan en la casa y las que se realizan fuera de la casa. Los resultados surgen de la implementación de técnicas cuantitativas, a partir de las cuáles se interroga sobre la frecuencia con que se realizan las actividades y sobre cuáles de esas actividades gusta o gustaría más realizar[23]. Las conclusio-

---

[22] "Jóvenes y Videojuegos: espacio, significación y conflictos", realizada en la Fundación de Ayuda contra la Drogadicción (F AD). Disponible en www.fad.es/estudios/videojuegos. htm.

[23] Incluyen los porcentajes de los jóvenes que, para las distintas frecuencias, realizan cada actividad de tiempo libre; las tablas de las características de los que, en mayor o menor medida, practican cada actividad; un análisis factorial de componentes principales para ver en qué tipos básicos se estructuran las diversas actividades; los porcentajes de quienes

nes que presentan plantean por un lado, que no aparecen características diferenciales claras en el perfil entre los jugadores de distintos juegos y por otro, que también se observan pocas diferencias en los perfiles de los jugadores en función de las variables sociodemográficas. Lo que sí es posible establecer, dicen los autores, son correlaciones entre formas de jugar y tipos de juegos, y determinados aspectos de la situación personal (calidad de relaciones de amistad, de familia, etc.).

Un equipo que ha estado realizando numerosas investigaciones vinculadas con esta temática es Group F9[24]. En un trabajo desarrollado durante 2004 establece que buena parte de los internautas son adolescentes y jóvenes, y que parece haber una clara tendencia –a medida que los niños se van haciendo mayores– a desplazar tiempos de dedicación a la TV hacia la pantalla del ordenador para jugar, realizar búsquedas en Internet o "chatear". Se sostiene que los chicos obtienen "informalmente" la mayoría de los conocimientos básicos para manejar las TIC y que buena parte de esa alfabetización instrumental se produce a partir del uso de los videojuegos. La investigación permite además ofrecer una tipología de juegos digitales (juegos de acción; de estrategia; de aventura; de rol; de deporte; simuladores; clásicos) y de modalidades de participación que admite la interactividad (participación selectiva; transformativa; constructiva). Se afirma también que se añaden nuevos espacios y formas de socialización que se producen en un espacio cibernético virtual, agrupando a personas diversas que interactúan a lo largo del tiempo.

Por su parte, en "Los juegos-web y el ocio electrónico, un nuevo reto para la pedagogía del ocio", Juan F. Revuelta Domínguez (2004) diferencia dos tipos de *juegos en red*: por un lado aquellos que tienen soporte CDRom o DVD-Rom para la computadora y los juegos en soporte CD o DVD para las consolas de juego. Y por otro lado están los juegos que no tienen soporte físico, sino que se basan en tecnologías que se descargan a través de la red. Estos últimos son los que se usan en los "cibers", que el autor considera sustitutos de las "salas de recreativos" de los '80. También se puede acceder a ellos a través del sistema "pay per play". Entre los juegos-web el autor dife-

---

en mayor medida se ubican en cada tipo, y los perfiles de los mismos. Por ejemplo, en relación al perfil básico de quienes realizan cada actividad –en la casa–, 3 o más veces por semana resulta lo siguiente: varones de 14-15 años que estudian o desocupados, aquellos que sus padres no tienen estudios o sólo primarios, quienes están entre los últimos de su clase, los no creyentes y de centro; los que sus padres son de derecha.

[24] El Group F9, asesorado por Begoña Gros, está formado por José Aguayos, Luisa Almazán, Antonia Bernal, Manel Camas, Juan José Cárdenas, Gema Mas y Xavier Vilella.

rencia los que tienen un entorno gráfico más un chat (ajedrez, dados) y los juegos de rol en base a textos. Ambos tipos predisponen a los usuarios a la construcción del conocimiento en la Red y a la creación de normas sociales y formas de comportamiento en la red que no es otra cosa que una socialización en y para la Red y que, según sostiene, tiene sus repercusiones en la vida social fuera de los espacios virtuales. Se introduce el concepto de *mundo virtual de ocio electrónico* que alude al espacio de presencia en la red donde se desarrollan actividades de interacción sociolúdicas, fundamentalmente juegos y *chat*, con otros conectados. Para Revuelta Domínguez, la interacción es la parte fundamental en los juegos *on-line*, más que el juego en sí. Según su parecer, los usuarios buscan divertirse con un juego pero buscan también establecer nuevas relaciones sociales. Evalúa positivamente la posibilidad de entrar en la red para compartir, jugar, aprender, relacionarse, divertirse y construir conocimiento.

En general este tipo de aproximaciones está motivado por el interés sobre los *usos* de los videojuegos. G. Lauteren (2002) argumenta que el estudio dominante de la forma y estructura de los juegos (su poética) debe ser complementado por el análisis de sus *aesthetics* (como fue entendido por la moderna teoría cultural): cómo usan los jugadores sus juegos; qué aspectos disfrutan y qué tipos de placeres experimentan jugando. La propuesta subraya la posibilidad de una teoría estética de los juegos.

En un estudio reciente apoyado en un diseño cualitativo que se autodenomina etnográfico, G. Remondino (2005) enfoca las prácticas que se desarrollan en los denominados cibers o cibercafés. Parte del supuesto de que esas prácticas generan distintas socialidades y nuevos modos de entretenimiento que transforman prácticas lúdicas y modos de habitar la ciudad. Aborda el análisis del ciber como *lugar* donde las TIC posibilitan inclusión en la denominada "modernidad mundo" (R. Ortiz), donde los jóvenes encuentran *sus lugares* de entretenimiento y que funciona como lugar de encuentro.

Se ocupa también de las *formas de vinculación:* señala la preferencia por jugar en red con los pares presentes en el local (en detrimento de las relaciones virtuales) y establece que *jugar con otros* es la práctica predilecta y el ciber el espacio de socialización predilecto. Interpreta a la tecnología como nexo y al ciber como "el" espacio de juego.

Otro de los énfasis del trabajo está puesto en la interpretación de la práctica del "ir al ciber" en el contexto de una reconfiguración del espacio urbano que supone formas diversas de apropiación de ese espacio. Señala que los locales céntricos son los preferidos por los jugadores más diestros que buscan velocidad de la tecnología, disponibilidad de la misma y destreza de los jugadores. Los locales barriales son "nuevos lugares de reunión" que conviven con otros ya tradicionales. .

Sostiene que en el discurso de los sectores sociales de mayores recursos económicos los ciber se constituyen en espacios semi públicos en los que se controlan ciertos riesgos presentes en otros espacios urbanos abiertos o desregulados.

Por otra parte, la investigadora interpreta que "el juego se asemeja al deporte en cuanto está sujeto a fines. La práctica lúdica en el juego-mundo comienza a ser lo que en la práctica especializada se denomina 'entrenamiento'" (Remondino, 2005: 24). En este contexto cobra especial sentido la opción de "competir", que vincula al juego con el imaginario del éxito; establece jerarquías entre jugadores; vincula al juego con el pensamiento táctico y estratégico que debe ser desarrollado y requiere entrenamiento.

El Ministerio de Educación y Ciencia de España desarrolló durante 1999 y 2000 la investigación ya referida en parágrafos anteriores, denominada en sentido amplio *Video juegos y Educación*. Uno de los aspectos que enfocan los autores es el que se refiere a la "dimensión socializadora de los videojuegos" y señalan que se trata de un factor que ha sido muy destacado por di versas investigaciones (Trémel, 2000; Provenzo, 1991; Stone, 1995; Funk y Buchman, 1996; Shimai, Masuda y Kishimoto, 1990; Been y Haring, 1991; Colwel, 1995; Lafrance, 1995). En la misma línea que el proyecto "Children, Young People and the Changing Media Environment" coordinado por L. Livingstone y G. Gaskell, esos estudios y los de Jenkins (1995, 1998, 2000), afirman que el ocio electrónico en general y los videojuegos en patlicular constituyen nuevas formas de socialización infantil y juvenil. Esta afirmación sin dudas consolida el interés por la investigación sobre este fenómeno.

Siempre en el marco de la citada investigación, S. Gómez, E. Nlena e I. Turci se preocupan por aquello que denominan "los efectos colectivos de los videojuegos" y realizan una minuciosa, revisión de trabajos que enfocan este problema en sus diferentes dimensiones. Una de esas dimensiones es la que analiza la interacción entre el jugador y el juego digital (Gibb y Cols, 1983; Selnow, 1984) y los estudios señalan que para los videojugadores la relación con la máquina produce experiencias menos gratificantes que aquellas que pueden asociarse con la interacción con compañeros de juegos. Otra de las dimensiones que se ha explorado es la que descubre la pregunta respecto de si los videojuegos producen o no aislamiento en los jugadores. En este sentido, el estudio releva una serie de trabajos (Estallo, 1993, 1997; Mitchell, 1985; Jenkins, 1995, 1998,2000; Jouet y Pasquier, 1999; Lafrance, 1995; Trémel, 2000, 2001; Perriault, 1994) que no presentan relaciones significativas entre el juego y un mayor grado de aislamiento social por parte de sus usuarios. En algunos casos se ha comprobado que los jugadores habituales dedican también parte de su tiempo a otras actividades sociales y culturales; que jugar con videojuegos no influye demasiado sobre la disminución de las relaciones familiares; que puede funcionar como una posibilidad que tiene el niño actual de evadirse del aislamiento físico que sufre en la realidad cotidiana (Jenkins); que la práctica de videojuegos consolida formas de sociabilidad y la construcción progresiva de una intersubjetividad (Perriault), ya que las estrategias para superar los juegos y otras que se despliegan, ejercen una poderosa función de cohesión (Lafrance); que esta actividad lúdica juega un papel determinante en la socialización entre pares (Trémel).

A este respecto E. Rodríguez y su equipo observan que entre las personas que tienen relaciones complejas, buenas y profundas con los amigos, si bien no se tiende a jugar poco, sí menos en soledad. Además, afirman que los extrovertidos, independientemente de que sus relaciones no sean muy profundas, tienden a jugar más, y más en compañía; y los que tienen buenas relaciones familiares tienden a jugar con menos frecuencia, mientras que los que tienen malas relaciones familiares juegan más frecuentemente, juegan más veces en soledad y confiesan más problemas en relación con el juego.

El interés por los usos de los videojuegos se ha manifestado también a partir de la perspectiva de género, no ya a través del análisis de contenido como se señaló en otro apartado anterior, sino enfocando las prácticas. A este respecto se presenta un completo panorama en la ya referida investigación sobre *Videojuegos y Educación* promovida por el Ministerio de Educación de España. Según la revisión que allí se presenta, Funk y Buchman (1994) establecieron las preferencias en cuanto a juegos de niños y niñas clasificando los juegos en seis categorías, de acuerdo con su contenido. Estos autores encontraron que no hay diferencia entre la proporción de juegos violentos escogidos como favoritos entre niñas y niños de sexto grado; pero que los niños son más propensos a escoger como favoritos juegos con violencia en deportes, mientras que las niñas juegos con violencia imaginaria. En un estudio posterior (Buchman y Funk, 1996), encontraron que las niñas son más propensas a escoger como favoritos juegos educativos, pero que tanto para niñas como para niños, la preferencia por este tipo de juegos estaba en decadencia. Por otra parte, los niños parecen dedicar mucho más tiempo por semana que las niñas.

Estallo (1995) realizó un estudio teniendo en cuenta la estructura formal de los videojuegos, arcades, simulación, aventuras y juegos de mesa, y estableció que la frecuencia de juego con relación al sexo indica que los varones dedican más tiempo a los videojuegos y que su frecuencia de juego es mayor que en las mujeres. En casi todos los estudios que se realizan sobre este tema hay coincidencia en asegurar que los jugadores sobrepasan a las jugadoras en el número de horas que dedican al juego.

Finalmente cabe señalar que otro aspecto explorado a través de investigaciones es el de las motivaciones que operan sobre el consumo de videojuegos. Una de estas investigaciones es la desarrollada en el Departamento de Comunicación de la Purdue University por John Sherry y Kristen Lucas titulado "Video Games Used and Gratifications as Predictors of Use and Game Preference[25]. El trabajo está compuesto por dos estudios que pretenden comprender las razones por las que se juega este tipo de juegos y cómo esas razones se relacionan con la cantidad y los patrones de usos. Para el primer estudio, se realizaron grupos focales (n=96) y luego se desarrolló una escala Likert para medir las motivaciones del juego (centrado en los videojuegos) derivados de esos grupos focales. El segundo estudio relaciona las motivaciones a los patrones de videojuegos que según preferencias de género y la cantidad de uso del juego en un registro (n=550). Los resultados muestran que los usos y las gratificaciones de los videojuegos son un elemento que permite fuertemente predecir el número de horas de juego por semana y las preferencias por género entre juegos. Se examinaron la preferencia de distintos juegos y las horas de uso entre jugadores y no jugadores.

Cuestiones de ese tipo son las que presentamos en el capítulo siguiente en donde nos interesa analizar los usos y hábitos de consumo de los juegos en red en una zona particular del Área Metropolitana de Buenos Aires

---

[25] Disponible en www.web.ics.purdue.edsu/-sherrj/videogames/paper.htm.

2

Yendo de la casa al *ciber*

1. ¿*Cibers* periurbanos?

Ya dijimos que el consumo de videojuegos en red en locales públicos constituye un fenómeno complejo que asume rasgos distintos en diferentes contextos, en especial atendiendo a si se trata de grandes centros urbanos por un lado, o de localidades situadas ya sea en las provincias o en el Área Metropolitana de Buenos Aires, por el otro. En este caso apuntamos a caracterizar los *usos* de los juegos en red y los *hábitos de consumo* de este tipo de propuesta de entretenimiento en una zona periurbana.

Explica A. Barsky (2005) que el *periurbano* supone un complejo territorial que expresa una situación de interfase entre dos tipos geográficos aparentemente bien diferenciados: el campo y la ciudad. Con el paso del tiempo, el periurbano "se extiende", "se relocaliza", "se corre de lugar". Según el autor, se trata de un territorio en consolidación bastante inestable en cuanto a la constitución de redes sociales, de una gran heterogeneidad en los usos del suelo. Aclara que ha recibido diversas denominaciones: la periferia urbana, el rur-urbano, la "ciudad difusa", la frontera campo-ciudad, la "ciudad dispersa", territorios de borde, borde urbano/periurbano, el contorno de la ciudad, extrarradio, *exurbia*, etc. Barsky concluye diciendo que el periurbano es un espacio que se define por la indefinición: no es campo, ni es ciudad.

En rigor, para realizar nuestra investigación diseñamos un estudio de caso de tipo único[26] que enfoca el Partido de San Miguel, en la segunda corona del Área Metropolitana de Buenos Aires que puede comprenderse como periferia urbana. Este partido contaba en 2001 con una población

---

[26] En el estudio de caso único "se estudia en profundidad un solo caso, considerado ejemplar por sus peculiaridades. Son particularmente atractivos para los investigadores porque permiten una concentración focalizada en lugar de dispersar la atención. Además son más manejables que los diseños de casos múltiples en cuanto a recursos, tiempo y esfuerzo requeridos y facilitan la construcción de modelos y teoría". (Vieytes, 2004: 624).

total de 253.086 habitantes y lo consideramos en nuestro trabajo como exponente de las zonas menos favorecidas de lo que tradicionalmente se ha denominado Conurbano Bonaerense. Veamos algunos indicadores en los cuales apoyamos esta decisión. La Dirección Provincial de Estadística y Censos publica datos correspondientes al Conurbarno Bonaerense. Entre ellos, los más actualizados aparecen sin desagregar por partidos. De acuerdo con esos datos, durante el segundo semestre de 2004 el 12.9% de los hogares y el 16.9% de las personas eran indigentes (EPH) y durante el segundo semestre de 2005 la pobreza alcanzaba al 28.7% de los hogares de esa región y al 36.9% de las personas. En lo que respecta al empleo, en el tercer trimestre de 2006, la tasa de desocupación en el Conurbano Bonaerense es del 12.1 % y la de subocupación del 13.1%. Según el Censo Nacional de Población, en 2001 el 17.6% de la población del Con urbano tenía las Necesidades Básicas Insatisfechas (NBI). En lo que respecta a los datos relativos específicamente al Partido de San Miguel, la información más actualizada es la que provee dicho censo. Según ese estudio, el 18.19% de la población en hogares de ese partido tenía NBI (superior al promedio del Conurbano); el 43.l 4% de la población entre 14 y más años se encontraba ocupada (incluyendo sector público, sector privado y trabajo familiar con o sin salario); sólo el 35.05% de la población de 3 o más años asistía a un establecimiento escolar y el 51.7% de la población carecía de cobertura de salud.

Por su ubicación geográfica y por sus características particulares nos interesó enfocar este caso para realizar una indagación empírica sobre un fenómeno contemporáneo dentro de su contexto real de existencia, en el entendido de que los límites entre el fenómeno y el contexto no son claramente evidentes y en los cuales existen múltiples fuentes de evidencia que pueden usarse (Yin, 1984). Nos parecía que a través del estudio de caso podíamos adquirir una percepción lo más completa posible del fenómeno que nos interesaba estudiar, considerándolo holísticamente (Vieytes, 2004).

Entonces nos dedicamos a explorar las prácticas que se desarrollan en torno a estos juegos en los locales públicos a los que llamamos aquí, genéricamente, *cibers*, pero que refieren a distintos tipos. La totalidad del trabajo de campo de la investigación se realizó entre principios de 2004 y finales de 2005.

Incluimos tres tipos de locales, que son los que aparecen con más frecuencia en la zona en estudio y figuran en los registros del Municipio. Por un lado están los denominados "locutorios": se trata de locales que ofrecen principalmente servicios de telefonía (cabinas telefónicas para llamadas locales, nacionales e internacionales) y poco a poco fueron incorporando computadoras para acceso a Internet y otros usos. Otros locales son los denominados "cibercafés" o "cybercafés", que se proponen como bares temáticos o locales en donde se puede acceder a computadoras para distintos usos y, finalmente, están los locales que se reconocen por la oferta de "juegos en red", en donde se dispone una gran cantidad de computadoras que se destinan principalmente a esos juegos, aunque puede hacerse también una variedad de usos de las mismas

A ese respecto recordamos que los dueños y los encargados de estos locales privilegiaron el criterio de realizar definiciones precisas vinculadas con el tipo de servicio y con la infraestructura tecnológica. Los nombres que se citaban eran *Ciber* y *Locutorio*, y aparecían de manera asociada entre sí o diferenciada. *Ciber* es la denominación utilizada para aludir a locales en donde los servicios que se ofrecen están vinculados con diferentes usos de computadoras y de Internet. En algunos casos se agrega servicio de bar. *Locutorio*, en cambio, designa un local en el cual se ofrece servicio de telefonía (habitualmente organizado en pequeñas cabinas individuales) que puede incluso sumar una o dos PC para acceso a Internet. Los entrevistados definían a sus locales como *Ciber* o como *Ciber-locutorio*.

Se trata de un mercado que está compuesto por locales de diverso tamaño (considerando la cantidad de juegos que ofrecen): hay chicos (hasta 20 juegos) y grandes (más de 20 juegos). Los chicos muchas veces se iniciaron como locutorios e incorporaron luego las máquinas para usos múltiples, entre los cuales cuentan los juegos en red. Los grandes en cambio tienen mayor nivel de definición en el rubro. Algunos incluso se denominan locales de "Juegos en Red". Según las percepciones de los encargados el horizonte de renovación del parque tecnológico se ubicaría alrededor de cada 1.5 o 2 años en promedio. Aunque en general las prácticas se alejan del promedio (en menor medida en los locales grandes) y se realiza más bien un mantenimiento permanente de las máquinas y actualizaciones parciales tanto en lo que refiere a su capacidad como a los periféricos, según los requerimientos de los nuevos juegos. En este sentido los mejor equipados son los locales más grandes y más específicamente dedicados a este rubro, que encuentran una asociación directa entre la actualización tecnológica y la supervivencia del negocio. Esta relación es evidente para la mayoría de los entrevistados y está vinculada con otra que es aquella que se establece entre la capacidad del *hardware* y el *tipo de juegos* que se puede ofrecer. Los locales más pequeños, con menor

53

cantidad de máquinas, menos actualizadas (y en general locutorios, es decir centrados en otro tipo de servicio) tienen más dificultades o se ven imposibilitados de incorporar las últimas versiones de algunos juegos y de ofrecer a los usuarios mejores condiciones de jugabilidad. Los mejor equipados en cambio son los locales grandes, cuyos dueños o encargados demuestran además mayor competencia específica en materia de tecnología informática (pueden describir en detalle las características técnicas de los equipos; manifiestan ser los que se ocupan del control de las máquinas; algunos se ocupan de configurarlas y cargar los juegos, etc.).

2. Sobre usos y hábitos de consumo.

Cuando nos preocupamos por los *usos* de los juegos en red, enmarcamos el análisis en la tradición de estudios sobre los medios de comunicación, proponiendo incluir en esa línea a los estudios que se dedican a los medios informáticos. Nos referimos a aquella tradición en la que los medios se visualizan como dispositivos tecnológicos que involucran un conjunto de relaciones sociales y que median en la producción, circulación y consumo de prácticas comunicativas de diversa índole (Wolton, 1999; Bettetini y Colombo, 1995; Romano, 1998, Castells, 1997).

En trabajos anteriores (Cabello, 2006 y 2007) recordábamos que dentro de este campo de estudios el concepto de *uso* ha sido concebido de diferentes maneras en el marco de tradiciones también distintas como son, por ejemplo, la del enfoque Usos y Gratificaciones, y la de la perspectiva de los Estudios Culturales. En el primer caso, ese *uso* se entiende en relación con un sujeto que establece el proceso de comunicación frente a algún medio de acuerdo con sus motivaciones y necesidades a las cuales se considera por ser propias, individuales y conscientes. Desde este punto de vista la audiencia es concebida como activa, es decir, una parte importante del uso de los medios masivos está dirigida a una finalidad (Katz-Blumler-Gurevitch, 1974). Esto implica que en el proceso de comunicación de masas gran parte de la iniciativa de conexión de las necesidades y la elección de los medios depende del destinatario. Como explican Schramm, Lyle y Parker (1961), en general se produce un mal entendido respecto del término porque su interpretación sugiere que la televisión, por ejemplo, "hace algo" a los niños, cuando en realidad es el niño quien es más activo en esta relación, "son ellos quienes usan a la televisión más de lo que la televisión los usa a ellos".

Desde esta perspectiva el abordaje representa un intento para explicar algunos de los modos en que se producen ciertos usos *individuales* de los medios de comunicación, entre otras fuentes y su entorno. Usos que realizan los sujetos para satisfacer sus necesidades y para alcanzar sus metas y por el simple hecho de planteárselo.

En el enfoque de los Estudios Culturales se incorpora la consideración de los condicionamientos culturales con los cuales el sujeto aborda las prácticas de recepción, o, como en el caso de la preocupación de J. Martín Barbero vinculada con el *uso social de los medios*, se trata de verificar el uso que los receptores hacen de los contenidos masivos en relación con sus prácticas cotidianas.

La idea de *uso* hace referencia a la utilización, en términos de atribución de sentido, que los sujetos hacen de la recepción de los productos de los medios en relación con sus prácticas cotidianas. A. Cantú y G. Cimadevilla (1998) han elaborado una propuesta de articulación conceptual que intenta reforzar planteamientos teóricos y facilitar marcos de operacionalización metodológica. En esa propuesta, que gira en torno de los conceptos de *consumo, recepción, uso y orientación* referidos a los medios de comunicación, sintetizan una definición de la noción de *uso* que luego presentan de manera articulada con las otras nociones aludidas. Según esa definición los sujetos inmersos en una situación sociocultural dada reelaboran y resignifican los contenidos conforme a su experiencia cultural. Pero como no todo lo que se recepta tiene una atribución de sentido, el uso no coincide con la recepción, sino que este último concepto lo abarca. Creemos que esta concepción, que expresa claramente los elementos que se contemplan desde una perspectiva crítica sobre los usos de los medios, puede ser considerada como punto de partida. Sin embargo, habíamos establecido en un estudio anterior (Cabello, 2006) que cuando se trata de tecnologías informáticas la noción de *USO* se torna más compleja, ya que no solamente se juegan aspectos vinculados con contenidos, sino que se agregan las múltiples posibilidades que se desprenden de la interactividad[27].

---

[27] C. Rausell Koster (2005) señala que la *interactividad* "se define como la actividad (física) requerida por parte del receptor para la recepción del mensaje en la interacción entre el hombre y la máquina, que implica necesariamente una ampliación del campo de elección del receptor". Desde esta perspectiva, la interactividad que permite un soporte está en función de la pluralidad de opciones de mensajes disponibles y de una estructura que haga posible la gestión de esos mensajes. El aparato debe constar por tanto de una estructura arbórea. Agrega la autora que un discurso puede ser interactivo y que la interactividad del discurso depende del grado de actividad que ese discurso ofrece y requiere entre usuario y máquina.

Los usos de estas tecnologías implican una *praxis operativa* (Renaud, 1990) y consideramos que a partir de esa praxis los usuarios pueden *efectivamente* reelaborar contenidos conforme a su experiencia cultural (esto es, incluso, más allá de su actividad simbólica). Pero pueden también realizar otro tipo de *operaciones* que viabilizan el establecimiento de relaciones de intercambio entre diferentes agentes y, con ellas, la actualización de diversos tipos de prácticas comunicativas. Así, desde el punto de vista de la *praxis operativa*, los usos de las tecnologías informáticas incluyen también todas aquellas operaciones que refuerzan el lugar de *mediación* de la tecnología respecto del establecimiento de vínculos sociales y de la producción colectiva de conocimiento. Esta perspectiva permite, en primer lugar, enfocar los usos no solamente en recepción, sino también en producción. Y, en segundo lugar, entender a las TIC como dispositivo tecnológico-social que media positivamente prácticas de conectividad y de producción de conocimiento.

Cuando establecimos esa definición sobre los usos de las TIC, planteamos conjuntamente la conveniencia de considerar a los *USOS* de las tecnologías informáticas en relación con diferentes aspectos vinculados no solamente con la selección, jerarquización y utilización de la información, sino también con la producción de sitios y páginas Web; la producción de prácticas de conectividad intra y a través de la red y la evaluación de los cambios que se producen tanto en Internet como en diferentes tipos de propuestas informáticas y sus consecuencias.

Si adoptamos una línea similar, un análisis de los *usos de los juegos en red* implica considerar los aspectos que hacen a la selección y recepción de los contenidos de los juegos (en este caso enfocados a través de la identificación de juegos favoritos, juegos más jugados, géneros favoritos y motivaciones de esas preferencias) pero también aspectos vinculados con el establecimiento de relaciones a través del dispositivo de los juegos en red.

Sin embargo, el abordaje que aquí se proponemos complementa esas dimensiones de análisis con aquellas otras que se relacionan con otro concepto que ha estado asociado al de *usos de los medios*: el de *consumo*. En 1990 Oscar Landi dirigía un estudio sobre *consumos culturales* y para enmarcar ese trabajo decía:

> "La noción de consumo cultural que utilizamos presenta cierta ambigüedad. Por una parte remite estrictamente a un momento del circuito de producción industrial de bienes culturales pero, por otra, es usada en un sentido algo más metafórico para describir ciertas prácticas de la

gente. La especificidad del bien cultural supone un vínculo de copro-
ducción de significado entre el autor y su público que no se agota en la
reproducción física de este último ni aniquila necesariamente la obra en
su conjunto. Es más, ciertas manifestaciones culturales perviven en el
tiempo en un permanente proceso de recreación histórica y de nuevos
tipos de usos y disfrutes de las mismas. El carácter abierto y reactualiza-
do de este proceso las sitúa completamente por fuera de la significación
estrictamente económica de la palabra consumo, aunque efectivamente
circulen dentro de un dispositivo industrial o comercial."[28]

En la misma dirección, Néstor García Canclini (1992) sostiene que
consumo es el término más útil para abarcar también dimensiones no eco-
nómicas, en comparación con algunas nociones análogas como recepción,
apropiación, usos, entre otras. Respecto de este concepto cabe señalar en
primer lugar que cuando se habla de *consumo* no se está haciendo referencia
a sujetos aislados y consumidores de medios en el sentido de personas
expuestas ante ellos.

Cierta concepción del *consumo* lo asimila a la palabra recepción y se asocia con el *consumo selectivo* de mensajes, esto implica concebir que existen
sujetos activos que asignan sentidos a los mensajes o los refuncionalizan.
Cantú (1997) señala que cuando otros autores hablan de consumo están
apostando a un sentido amplio del concepto. María Mata, por ejemplo,
entiende al *consumo* como una "práctica cultural fundamental que existe
en nuestra sociedad y no sólo en relación con los medios, sino en relación a la cultura en general" (Mata, 1993), es decir que lo concibe como
articulador de diversas prácticas culturales. Esa concepción retoma la
propuesta de García Canclini en el sentido de concebir el *consumo* como
"el conjunto de procesos socioculturales en que se realizan la apropiación
y los usos de los productos" (Canclini, 1992: 10). Así se hace referencia
a procesos complejos unidos a las prácticas de consumo y no a la mera
"compulsión consumista". A pesar de que el autor entiende que la apropiación de cualquier bien es un acto que diferencia simbólicamente y,
en este sentido, "Todos los actos de consumo –y no sólo las relaciones
con el arte o el saber– son hechos culturales"; propone de todos modos
una definición específica de *consumo cultural* al que considera como "el
conjunto de procesos de apropiación y usos de productos en los que el
valor simbólico prevalece sobre los valores de uso y de cambio, o donde

---

[28] Landi, O. et. Al, (1990), *Públicos y consumos culturales de Buenos Aires*, Buenos Aires,
CEDES, pp.4.

al menos estos últimos se configuran subordinados a la dimensión simbólica" (Canclini, 1992: J 2).

A pesar de que la posición aquí descripta se presenta como una perspectiva crítica respecto del consumo, las definiciones que produce involucran también (aunque no exclusivamente) algunas dimensiones que se ponen en juego a la hora de diseñar los denominados estudios de consumo de medios y de consumos culturales. Estos últimos tienden en general a identificar comportamientos y expectativas de los ciudadanos en lo que concierne a las actividades genéricamente denominadas "culturales". Mientras que en el caso de los primeros, los estudios de consumo monitorean los hábitos y la actitud de la gente hacia los medios, los cuales van cambiando con el tiempo. Muchas veces los resultados de esos tipos de estudios orientan las políticas comerciales de las empresas mediáticas y culturales en general.

Aunque con un interés diferente, hemos incluido en el análisis de los usos de los juegos en red la caracterización de los hábitos de consumo, atendiendo especialmente a la frecuencia de concurrencia al local; determinación de la distribución en el tiempo (tiempo libre, cantidad de tiempo dedicado, momentos privilegiados); selección de los ámbitos de juego; situaciones de consumo; consumos asociados, entre otros factores.

3. Sobre usos y hábitos de consumo de juegos en red[29]

3.1 Aspectos generales

Según el informe del Sistema Nacional de Consumos Culturales (SNCC), realizado en septiembre de 2006, el hábito de utilizar videojuegos involucra a tres de cada diez argentinos. Entre ellos, un 16.6% opta por la modalidad de jugar a través del juego en red con otros usuarios.

El estudio establece que la utilización de los videojuegos está fuertemente asociada a la edad: el 64.4% de los adolescentes suele emplear su tiempo en estos hábitos de ocio. También, aunque en menor medida, se destacan los jóvenes de 18 a 34 años. Describe además que otros segmentos que impulsan el uso de videojuegos son los que constituyen los

---

[29] Algunas de las observaciones que presentamos en este apartado se publicaron en Cabello, R., *Sobre los usos de los juegos en red en áreas periurbanas de Buenos Aires* , en Revista Latinoamericana de Ciencias de la Comunicación, Nro. 6, enero de 2008, ALAIC, Sao Paulo, pp. 176-185.

hombres, los de nivel socioeconómico alto y medio y, especialmente, los que residen en AMBA.

Cuando se trata de detectar los lugares más usuales en los que se juega de este modo, el principal lugar de uso es la casa con el 66.1 % de las menciones. En un segundo lugar los *ciber* o locales de videojuegos y en menor medida la casa de amigos o familiares y el ámbito laboral. Sin embargo, el informe establece una relación que resulta de particular interés para el estudio que proponemos aquí. Por un lado sostiene que la casa, el lugar de mayor penetración, es impulsada por los de niveles alto y medio, donde la posesión de equipos de PC resulta fundamental. En cambio se juega fuera de la casa (*cibers*, otras casas, etc.) cuando la edad (12 a 17 años) y el nivel (bajo) se convierten en los principales impulsores.

Entre los datos que construye el informe sobre los aspectos señalados, recuperamos en este caso aquellos que tienden a caracterizar a la población que juega videojuegos (SI) según su sexo, edad y nivel socioeconómico (considerando además los niveles de penetración en el Área Metropolitana de Buenos Aires, porque resulta información contextual fundamental para los objetivos del presente estudio), por oposición a la población que NO juega este tipo de juegos electrónicos. De ese modo, el cuadro que se configura es el siguiente:

Cuadro 1: ¿Quiénes juegan videojuegos?

Fuente: SNCC/06[30]

	MASC	FEM	EDAD				N.S.E.			
			12-17	18-34	35-49	+50	ABC1	C2	DE	AMBA
SI	39.8%	21.7%	64.4%	36.8%	15.7%	11.1%	42.4%	36.4%	25.7%	33.6%
NO	60.2%	78.3%	35.6%	63.2%	84.3%	88.9%	57.6%	63.6%	74.3%	66.4%

Como puede observarse, la práctica de videojuegos es muy extendida en el Área Metropolitana de Buenos Aires y en general, el universo de

---

[30] El Sistema Nacional de Consumos Culturales es un estudio que realiza en todo el país la Secretaría de Medios de Comunicación de la Jefatura de Gabinete de Ministros de la Presidencia de la Nación, con la supervisión técnica del INDEC. Se trata de una investigación sistemática, longitudinal, que se realiza por "olas". La información que se presenta aquí corresponde a la segunda "ola" 2006.

usuarios es predominantemente masculino, adolescente y de niveles socioeconómicos acomodados.

En ese contexto nos interesa indagar de qué manera se configuran los perfiles de usuarios y los hábitos de consumo en la zona particular del AMBA que estudiamos. El informe del SNCC/06 ratifica la presunción con la que trabajamos en la investigación según la cual los videojugadores pertenecientes a los sectores socioeconómicos menos favorecidos desarrollan la práctica de videojuegos en general y de juegos en red en particular, en locales de acceso público y es en ese tipo de locales donde hemos puesto el foco de atención.

Por tratarse de la más reciente investigación realizada a nivel nacional y con la garantía de la supervisión de los principales organismos públicos especializados, consideramos al SNCC como fuente de ratificación permanente de la información que fuimos produciendo en nuestro estudio. El informe del SNCC ofrece además un parámetro de actualización para el tratamiento de la información propia producida durante los años 2004 y 2005. Esa información la generamos combinando de distintas estrategias. Por un lado, planteamos una aproximación cualitativa a través de la implementación de observaciones y de entrevistas en profundidad que respondieron tanto dueños y encargados de locales, como usuarios de juegos en red. Por otro lado, realizamos una encuesta a jugadores de juegos en red[31] que permitió, entre otras cosas, establecer una descripción del usuario típico de video juegos en red en locutorios y cibercafés que se alinea perfectamente con aquella que presenta el SNCC: "jóvenes/adolescentes y jóvenes/adultos de sexo masculino que habitualmente juegan a otros juegos electrónicos y cuyo vínculo con la actividad se establece con mayor fuerza entre los 12 años y los 18 años, período durante el cual aumentan las ocasiones de concurrencia y

---

[31] El estudio cuantitativo fue coordinado por Renzo Moyano en el marco de la investigación realizada en la UNGS: "TIC en el ámbito del entretenimiento. Los usos de los videojuegos en red", con dirección de Roxana Cabello. Se realizaron 143 entrevistas coincidentales, con usuarios de video juegos en red de los locales públicos del Partido de San Miguel. Se consideraron personas de ambos sexos y mayores de 13 años que se constituyeron en *unidad de recolección;* y también, considerando su carácter de usuario/respondente, se tomaron como *unidad de análisis* (es decir, unidad de *conteo*). El diseño de muestreo fue probabilístico/polietápico —estratificado por conglomerados y sistemático—. Comportó, por un lado, la selección de una muestra aleatoria de los locales públicos del Partido de San Miguel en los que se explota el servicio - locutorios y cibercafés ,destinada a obtener una participación conveniente de los grupos poblacionales con aptitud de segmentar la información; y, por otro lado, el muestreo coincidental de los usuarios que debieron responder a la encuesta.

el tiempo de permanencia en el salón"[32]. Cuando conformamos la muestra y selección de jugadores para la implementación de la técnica de entrevista en profundidad tomamos en consideración esa composición de perfil, sobre la cual volveremos más adelante.

3.2. ¿Qué dicen los jugadores sobre su propia relación con *los juegos en red?*

En este apartado desarrollamos una descripción[33] de los *usos* y de los *hábitos de consumo* partiendo del supuesto de que esa descripción permite configurar una primera aproximación a la relación que los sujetos establecen con los juegos en red[34].

Son años...

Uno de los aspectos que sin dudas permite caracterizar un determinado consumo cultural es el que suele denominarse "antigüedad del vínculo". La reconstrucción de los ciclos de consumo permite establecer comparaciones con otros contextos y ofrece elementos para atender a la historicidad del proceso. De modo que propusimos evocar el momento en que los entrevistados se iniciaron como videojugadores en red y cuando analizamos sus relatos identificamos dos posiciones que se construyen tanto entre quienes frecuentan locales céntricos como entre los jugadores que concurren a locales barriales. Por un lado están los que se habrían iniciado entre finales

---

[32] Estos datos se confirman también si se los enmarca en un estudio de la consultora Price & Cooke realizado en diciembre de 2005 en todo el país, que describe que el 37% de los menores de 18 años se divierten con juegos en red; y apenas 6.7% de los que tienen entre 19 y 25 años hacen lo mismo. Fuente: Clarín, 12.09.06, pp.29.

[33] Asumimos aquí que describir supone ordenar, clasificar, jerarquizar, es decir, imponer una disciplina al texto (Hamon, 1991). Pero supone también una dimensión interpretativa ineludible que atañe al significado construido en esos discursos y, dado que las orientaciones cualitativas enfatizan la dependencia contextual del significado, consideramos el desarrollo global de la entrevista y la propia situación de entrevista como elementos contextuales inmediatos de las posiciones que se manifiestan respecto del problema puntual de los usos y hábitos de consumo de los juegos en red.

[34] Incluimos en la descripción la transcripción de algunos pocos de los múltiples dichos de los entrevistados con el propósito de ilustrar las posiciones que se construyen. Esas transcripciones no asumen un peso relativo en términos cuantitativos, ya que no hemos considerado de esa manera el análisis de las declaraciones. Lo que nos interesa es identificar qué posiciones se construyen, en torno a qué elementos se establecen las divisorias: qué aspectos establecen diferencias y qué aspectos construyen regularidades. Nos reservamos la observación sobre los pesos relativos para aquellos casos en que las diferencias o las igualdades llaman la atención a la hora de la interpretación.

de 2002 y principios de 2003, si se cuenta el tiempo hacia atrás a partir de las referencias de los entrevistados al momento de la conversación "<hace un año y medio", "hace menos de dos años"). Por otro lado están quienes ubican su iniciación en este tipo de consumo alrededor del año 2001.

Según los datos que resultan del estudio cuantitativo la práctica de juegos en red en locales públicos comienza a hacerse frecuente desde aproximadamente 2002, tomando en cuenta la cantidad de años que transcurrieron desde el primer contacto de los encuestados con la actividad en un local de video juegos en red (independientemente del sexo, la edad u otra característica sociodemográfica que se considere relevante). No se registró ningún tipo de variación proporcional concomitante que indique que a una determinada oscilación de la edad de los usuarios la antigüedad del vínculo crezca en la misma medida. Lo que sí llama la atención es que para los jugadores que en el momento de realizado el estudio tenían el límite inferior de la edad de la muestra (13 años), la edad media de inicio fueron los 12 años: lo que se podría conceptuar como el punto de partida del ciclo de consumo. Los que en ese momento tenían 14 años se iniciaron a los 13, los de 15 comenzaron a los 14 y sólo a partir de los 19 años se incrementan los valores de antigüedad promediando los 2 años.

En la casi totalidad de los casos los jugadores que respondieron entrevistas en profundidad se iniciaron en el consumo de juegos en red a partir de la propuesta de terceros. En general se trata de amigos (de la escuela, del barrio o del club) y, en algunos pocos casos, de hermanos u otros familiares.

> "Mi amigo me decía: 'vení que está bueno!, vení'. Y alguno que otro también decía lo mismo. Entonces dije: 'tiene que estar bueno, así que vamos a ir a ver qué onda'." (Nahuel)

Las motivaciones

Al analizar las motivaciones del consumo de juegos en red pudimos identificar que se constituyen también dos posiciones diferenciadas en torno a un factor que resulta para nosotros de especial interés: el rol que juega la propia presencia de la tecnología. Por un lado, identificamos una posición que deja traslucir que los móviles principales están asociados con la relación de los usuarios con la tecnología y las propias posibilidades de los juegos en red. Por otro lado, está la posición desde la cual las motivaciones se vinculan con <u>factores extra tecnológicos</u>. En este

último caso se incluyen aspectos vinculados con la propia naturaleza de
la iniciación, según describimos en párrafos anteriores: la actividad con
amigos durante el tiempo libre.

> "Y, empecé porque ya era la moda del momento. Era el boom. Todos
> los chicos iban. Mis amigos iban, me habían comentado y yo quería ir
> para ver, porque los chicos van todos juntos en grupo." (Iván).

Sin dudas, las oportunidades que ofrecen los juegos en red, vinculadas
con la posibilidad de jugar con los propios amigos, de conocer gente a
través del juego y de hacer amigos nuevos, operan como fuerte móvil para
la selección de esta actividad como opción de tiempo libre.

> "Te copa porque es jugar entre muchos, entre amigos. También es una
> forma de hacerte de amigos, mucha gente se conoció acá y está todo el
> día junta. Conocés un montón de gente que de otro modo no llegarías a
> conocer. De José C. Paz, San Miguel, Bella Vista. A este local viene gente
> de todos lados."(Brian).
> "Me gusta el ambiente. Por ahí te entretenés con alguno y se pone lindo,
> porque somos 15 jugando el mismo juego y ya se empieza a poner lindo.
> Somos 15 amigos y ya el ambiente de por sí –como nos tratamos– ya se
> empieza a poner lindo. Entonces ahí te quedás, te divertís, se te pasa el
> tiempo y por ahí no te das cuenta."(Gonzalo)

Veamos ahora qué sucede con la otra posición, la que mencionamos
en primer lugar y se construye a partir de una serie de apreciaciones en
las cuales la relación con la tecnología juega un rol central en la motivación del consumo. Si bien se trata de apreciaciones que tienen un peso
relativo menor si se considera el total de las entrevistas realizadas, ponen
la atención sobre aspectos que resultan de interés desde el punto de vista
de la perspectiva que asumimos en este estudio.

En primer lugar, destaca la referencia a lo que podríamos denominar
"parentescos tecnológicos". Los jóvenes se acercan a los juegos en red a
partir de los usos de otras tecnologías en mayor o en menor medida relacionadas con ellos, pero siempre sobre la base del soporte informático:

> "Estaba jugando en los videos, yo jugaba a las máquinas esas que se
> ponen fichas. Y me animé a venir a Internet. Nunca había venido y me
> gustó. De no usar Internet, pasé a usar los juegos en red. Fui aprendiendo
> solo." (Jorge)

"Más o menos me enganché así con los juegos: con el chateo. Iba
para las dos cosas, pagaba dos horas: una jugaba y la otra chateaba."
(Nicolás)

En segundo lugar, nos interesa subrayar entre las motivaciones, los
aspectos que se relacionan específicamente con las posibilidades que
ofrece el dispositivo de juegos en red en particular[35], y que lo diferencian
de otros tipos de entretenimientos informáticos, incluyendo los propios
videojuegos:

Por un lado aparece la mención a un aspecto ya señalado en párrafos anteriores sólo que en esta oportunidad se presenta directamente
vinculado con las características técnicas (la interacción mediada por la
interactividad): la posibilidad de jugar contra otras personas, con todas
las implicancias que eso conlleva.

"(...) en realidad, es la fascinación que te despierta el hecho de jugar
con otra persona, aunque esté a pocos centímetros de donde estás vos,
pero jugar a través de la red. (...) No es una fase más, porque uno cuando
juega en la casa, contra la PC, depende en el nivel en que juegues, es fácil
ganarle o es difícil ganarle. (...) Por lo general la máquina no comete
errores, en cambio cuando jugás con otra persona (...) lo que juega es el
error humano, digamos, y eso lo hace más atractivo. Aparte la máquina
tiene un estilo predefinido para jugar (...) incluso llegás a saber cuál va
a ser la próxima jugada que va a hacer, por dónde va a atacar (...) En
cambio, cuando jugás con otra persona, la incertidumbre es mayor porque
es alguien que piensa el juego sobre la marcha y no está prediseñado el
juego, la estrategia, digamos." (Luis)

Por otro lado identificamos un factor que, si bien puede desarrollarse y operar también en otro tipo de actividades, aparece directamente
vinculado con las posibilidades que ofrecen los juegos en red de jugar
contra otras personas: la competencia y la autosuperación. En un estudio anterior (Cabello, 2002) habíamos establecido que la práctica de
videojuegos también involucra la idea de "superarse a sí mismo". Pero
en ese caso, el combate se establece directamente contra la máquina y

---

[35] Es cierto que se trata de aspectos que son identificados por varones de más de 20 años. Si
bien la edad no había aparecido hasta el momento como una variable que jugara a la hora
de identificar líneas divisorias en la construcción de posiciones, en este caso impresiona que
la experiencia de juego de los entrevistados y su propia experiencia como interlocutores, les
permiten explicitar estos aspectos reconociéndolos como parte misma de su motivación.
En el caso de los adolescentes, en cambio, este tipo de características del juego aparecen
como muy valoradas pero no vinculadas con la motivación de consumo.

la fantasía que orienta la idea de autosuperación es justamente la de "ganarle a la máquina", la de vencer al programa. En cambio, al jugar juegos en red, los jugadores compiten contra otros jugadores con los cuales se relacionan como pares. Se asocian entre sí para jugar contra otro jugador individual o contra otro equipo y entonces el dispositivo técnico del juego en red media esa confrontación: la tecnología deja de presentarse como difícil oponente o enemigo imposible de superar para asumir un rol que da lugar a otra fantasía: <u>la de la igualdad de oportunidades</u>. La tecnología ofrece los recursos y las reglas de juego y las pone a disposición de los contrincantes para que, quien mejor se apropie de ellos, pueda obtener mejores resultados. La idea de autosuperación no pasa ya, entonces, por ganarle a la máquina, sino por controlarla mejor como medio que permite ganarle al otro jugador.

> "Soy competitiva. No, o sea, no es que me mato para jugar ni nada, pero sí, me gusta jugar y ganar. Y en el counter, cuando te matan, dejás de estar enganchada.." (Abigail)
> "(…) lo que a mí me gusta es ser superior, en realidad. Lo que quiero es ser superior, cada vez más superior a los demás." (Maximiliano)

Por último, podemos mencionar un posición muy minoritaria (en el marco de ésta que subraya las posibilidades que ofrece el dispositivo de juegos en red) que destaca que se juega por el nivel de desarrollo que han alcanzado los juegos en red, comparativamente con otros como los videojuegos (refiriéndose a la definición de la imagen, la velocidad, la complejidad); o porque se aprecian los crecientes niveles de participación que ofrecen estos juegos y, en un caso, se hace mención también a la posibilidad de vivir la ficción que representa el juego virtual.

Ni *fanático* ni *vicioso*

Entre las imágenes que se instalan socialmente a partir del desconocimiento de la práctica de este tipo de juegos está la que los relaciona con la idea de pérdida de control: se trata de juegos tan poderosos que logran generar "adicción" en los usuarios, que se convierten en una suerte de "fanáticos" desbordados o "viciosos" que terminan doblegados por el juego mismo. En el capítulo anterior hemos referido algunas líneas de investigación que enfocan este tipo de problema y parece ser que no se ha podido establecer fehacientemente que exista una relación de causalidad tan directa entre el consumo de los juegos y "efectos" de ese tipo. Sin embargo la eficacia simbólica de la representación es innegable y nos pareció interesante conocer el modo como los propios jugadores se relacionan con ella.

En términos generales, los entrevistados no se consideran fanáticos de los juegos en red. Se preocupan por tomar distancia de esa figura. Asocian la idea de fanatismo especialmente con la cantidad de horas que se dedica a la actividad:

> "El fanático que juegue es ya, en sí, una persona que está enchufada
> las veinticuatro horas del día. (Iván)

En menor medida, asocian el fanatismo con el tipo de actitud que se desarrolla en relación con la práctica de estos juegos y las acciones con las que esa actitud se vincula:

> "(…) un fanático es alguien que está continuamente pendiente del
> juego en red. No sé,
> no creo que yo sea un fanático." (Christian)
> "Y, que va a la casa, entrena, está jugando solo; al otro día va y se anota
> en torneos y está todo el día pasando horas ahí. Un fanático sería una
> persona de más de veinte años que está todo el día jugando." (Andrés)

Nos llamó la atención que la relación entre el fanatismo y la figura del *vicio* aparecía únicamente en una entrevista realizada a una mujer de 16 años que parecía menos interesada en distanciarse de ese tipo de clasificación

> "Antes me catalogaban como viciosa. Porque, sí, es adictivo. Tenés que
> ir, estás jugando, se te pasa la hora y te duele el cuello, la cola, de estar
> sentada ahí. No importa, seguís jugando. La vista. A partir de esto tuve
> que empezar a usar anteojos. Me mataba la vista. Viciosa porque se me
> pasa la hora y no me daba cuenta. Soy muy competitiva. Y me ponía a
> jugar con mis amigos y todos me decían: 'no, no, sos mujer. No vas a
> poder' y yo les ganaba."(Abigail)

Sin embargo, la figura del *vicio* aparece recurrentemente cuando se trata de identificar los aspectos negativos de los juegos en red. Los entrevistados suelen asociar esa figura con situaciones por las que pasan terceros o con riesgos que es necesario evitar[36]:

---

[36] Tiempo después de desarrollado este trabajo comenzamos a observar que la figura del VICIOSO fue integrándose en el discurso de los púberes tomando otro tipo de distancia: se apropiaron de ella para usarla con ironía respecto de la condición propia.

> "Lo peor es que hay gente que se llega a enviciar mucho y les hace mal.
> Deja el colegio, se queda libre, se ratea, tiene problemas con los viejos.
> No estudia, se queda todo el día acá." (Manuel)
> "eso te absorbe mucho, te absorbe mucho el cerebro. Eso es lo malo.
> No se puede controlar ninguno de los vicios pero, si vos lo sabés manejar,
> en cierto sentido te sirve para dispersarte."(Iván)

Por otra parte, los jóvenes vinculan la idea de dedicar mucho tiempo a la práctica de juegos en red con otros aspectos que pueden significarse también como "no deseados" o riesgos a evitar y que en general se relacionan con problemas de salud y con evaluaciones sobre el uso del tiempo libre que podrían asociarse, como analizaremos más adelante, con las representaciones circulantes sobre este tipo de prácticas:

> "(…) porque el hecho, digamos, de estar con una computadora como
> 5 horas no está muy bueno. Hace mal a la vista y a la cabeza, esas cosas
> que con el paso del tiempo hacen mal, ¿no?" (Rodrigo)
> "Lo peor es que te jode mucho la columna. Hay momentos en los
> que te duele demasiado. No me implica problemas físicos en el trabajo.
> Solamente me duele acá cuando estoy agachado." (Gonzalo)
> "(…) lo peor es que después de mucho tiempo te hace mal estar ahí
> encerrado." (Agustín)

El modo como los entrevistados describen su relación con la práctica de juegos en red tiende, de alguna manera, a *construir una contrafigura del fanatismo*. Esa contrafigura se edifica en torno a la idea de *entretenimiento*, que implica jugar por gusto, para pasarla bien y para pasar el tiempo; con una idea mucho más relajada en lo que respecta al tiempo que se dedica a la actividad.

Los jugadores se mantienen informados respecto a las novedades vinculadas con los juegos en red. Están quienes se enteran exclusivamente por el hecho de interactuar con amigos más informados, especialmente en el marco de los locales. El comentario, la comunicación boca a boca es la principal fuente de difusión. Pero están también aquellos que tienen una actitud más activa, exploratoria, que los mueve a actuar en busca de información. En ese caso, Internet es la principal fuente. En ocasiones mencionan un programa de radio y en todos los casos declaran no consumir revistas u otros materiales especializados.

3.3. Los Hábitos de consumo

Parroquianos

¿Dónde juegan estos jugadores?, ¿son clientes habituales de los locales o prefieren rotar de *ciber* en *ciber*? Las preferencias y los hábitos referidos al lugar en donde los entrevistados juegan juegos en red responden a dos posiciones que podríamos denominar la de la *estabilidad* y la de la *circulación*.

La posición de la *estabilidad* es predominante y la asumen jugadores que eligen tanto locales del centro como de los alrededores, que concurren siempre o casi siempre al mismo lugar.

En el caso de los jugadores que eligen locales del centro, se trata de personas que viven en general en otras zonas dentro o fuera del partido. Las motivaciones de la elección y permanencia en esos locales se relacionan con diversos factores: conocen gente que juega allí o los amigos juegan allí; valoran el "nivel de juego" de los jugadores que frecuentan esos locales o priorizan razones de comodidad, dado que se encuentran en zona de tránsito.

En el caso de los jugadores que eligen locales de los barrios, la elección y permanencia en los locales se relaciona especialmente con motivos de comodidad: cercanía a la casa o a la escuela. No obstante identificamos otros dos factores que condicionan la selección y permanencia: la cantidad y capacidad de las máquinas (definida en el discurso de los entrevistados por la velocidad) y el precio. Es decir que los jugadores eligen preferentemente, dentro de los locales que se encuentren en un radio de cercanía, aquellos mejor equipados (incluyendo las versiones más actualizadas de los juegos preferidos) y que ofrezcan mejores promociones (por ejemplo, los "pases" diarios). Otro aspecto que parece, aunque con menos peso, en las declaraciones de los entrevistados es el de las relaciones interpersonales que se establecen tanto con los encargados de los locales como con otros jugadores.

La posición de la *circulación* parece ser menos asumida si se observa el conjunto de los entrevistados. Se identifica más entre quienes concurren a locales céntricos que entre quienes lo hacen en los barrios. "Curiosear", conocer, probar, suelen ser los móviles que llevan a estos jugadores a circular entre diversos locales. La búsqueda está orientada prioritariamente a evaluar las máquinas disponibles:

> "Empecé en ese y luego fui variando. Para probar. Probamos en un montón de lugares, buscando. No sé, a veces buscamos mejores má-

quinas para movilizarse mejor en el juego. Hay más cerca de mi casa,
pero digamos que las computadoras son muy lentas y la movilidad es
diferente (…)" (Christian)

"Primero por curiosidad, por conocer otro; y después porque casi no
va gente. Encima las máquinas como que se deterioran, ya están medio
viejas, hace varios años ya que están." (Agustín)

Tiempo no declarado

La cuestión del tiempo que los adolescentes y jóvenes dedican a
quedarse en el *ciber* y a jugar juegos en red parece convertirse en un
problema para muchos padres y esto se traslada a los diversos niveles de
responsabilidad dentro de la sociedad al punto de regularse las características que deben tener los locales o los horarios de atención, tal como
comentábamos en la Introducción. Sin embargo, los jugadores no siempre
tienen una percepción coincidente con la que se generaliza a nivel de las
representaciones sociales respecto de su propia decisión sobre el tiempo
que dedican a los juegos y es posible que encuentren siempre ejemplos de
otros más dedicados (algunos de ellos ya identificados como "fanáticos"
o "viciosos"). Para indagar el modo como la práctica de juegos en red se
distribuye en el tiempo consideramos diferentes dimensiones: épocas del
año privilegiadas, momentos de la semana, frecuencia y tiempo dedicado
a la concurrencia a los locales. En lo que respecta a las épocas del año
privilegiadas en general los entrevistados coinciden en señalar que durante
el verano, cuando no van al colegio porque están de vacaciones, frecuentan
los locales de juegos en red con mucha más asiduidad. En este sentido la
concurrencia a ese tipo de locales se asocia explícitamente con el tiempo
libre, y el tiempo libre aparece definido como tiempo de no colegio, libre
de la responsabilidad del estudio y en muy pocos caso, del trabajo.

El fin de semana se asemeja de este modo a la idea de vacaciones y
aparece en el discurso de los entrevistados como opción privilegiada durante el año lectivo (algunos hablan directamente de rutina). Mientras que
el verano agrega la posibilidad de jugar los días de semana.

"Uno ya tiene una rutina de ir los fines de semana. Por ahí los sábados
a la tarde. Pero a veces días de semana llegué a ir durante las vacaciones
de verano que uno por ahí tiene más tiempo libre, entonces aprovecha
esa época."(Luis)

Sin embargo hay quienes asumen una posición muy diferente, que
si bien es minoritaria, se constituye contundentemente. Hay jugadores

que definitivamente no vinculan la práctica de juegos en red con las vacaciones:

> "(…) hay días que no. Por ejemplo este verano fui de vacaciones a Mar del Plata y no salí y me fui dos semanas y no salí, no fui a jugar. O sea, es un fanatismo pero prefiero estar con las chicas. Fui a la playa, a bares, a pubs. Después cuando vengo acá sí juego (...)" (Demian)
>
> "En verano no, voy a otros lados. No me gusta ir mucho al ciber."(Nicolás)

En relación con los momentos de la semana y la frecuencia, a pesar de que en un principio los entrevistados transmiten una percepción general de frecuentar los locales de juegos en red preferentemente durante el fin de semana, al proponerles una reconstrucción de la frecuencia y de los momentos privilegiados de concurrencia se toma evidente que lo que podría denominarse "el jugador de fin de semana" representa una posición minoritaria entre los entrevistados. Lo que se observa como pauta predominante es que en general manifiestan acudir a estos locales más de dos veces por semana y de hecho varios entrevistados declararon concurrir casi todos los días.

Durante los días de la semana los momentos privilegiados son aquellos que se producen en contraturno del colegio. Es decir que quienes cursan el colegio a la mañana, van al local por la tarde y viceversa. Según los entrevistados, casi no concurren en horarios nocturnos y aquellos que lo hacen se identifican en los locales de los barrios.

Además los entrevistados que frecuentan locales barriales declaran dedicar entre 1 y 2 hs. a permanecer en el local cuando van los días de la semana mientras que los que concurren a locales céntricos asumen que pueden llegar a 3hs.

Estos niveles de permanencia aumentan notoriamente durante el fin de semana, cuando puede extenderse hasta 4 hs tanto en los locales céntricos como en los barriales y se registran casos de entrevistados que manifiestan permanecer en los locales más de 5 horas. Además se incrementa la concurrencia en horarios nocturnos.

Otro tanto habíamos ratificado a través de la encuesta realizada (Cabello y Moyano, 2007) cuyos resultados establecían que las jugadoras acostumbran a permanecer en el establecimiento aproximadamente 2 horas cuando concurren un día de semana (lunes a viernes), y se quedan media hora más los sábados y los domingos; los hombres, en cambio, permanecen unas 3 horas los días de semana y entre 3 horas y media y 4 horas los fines de semana.

El informe del SNCC que estamos tomando aquí como referencia establece niveles más altos cuando se trata de promedio de horas de juego por semana. Sin embargo, esas mediciones refieren al consumo de videojuegos en general sin discriminar la categoría de los juegos en red en particular y sin diferenciar entre consumos de fin de semana y aquellos que se realizan durante los días de la semana. Así y todo es interesante destacar que se mantienen las diferencias que se identifican en relación con sexo y edad y se deja planteada la inquietud sobre la posibilidad de verificarse a través de estas mediciones una tendencia en ascenso en cuanto al tiempo que se dedica a este tipo de prácticas (habida cuenta de la diferencia de tiempo transcurrido que media entre nuestro trabajo de campo y la medición realizada por SNCC).

Cuadro 2: Promedio total de horas de juego Fuente: SNCC/06

TOTAL	SEXO		EDAD				N.S.E.			A.M.B.A
	M	F	12-17	18-34	35-49	+50	ABC1	C2	DE	
5.1	5.7	4.2	6.2	4.8	3.8	3.3	6.7	4.8	5.0	5.8

Cuadro 3: Promedio total de horas de juego en cibercafés

Fuente SNCC/06

TOTAL	SEXO		EDAD				N.S.E.			A.M.B.A
	M	F	12-17	18-34	35-49	+50	ABC1	C2	DE	
5.6	6.1	4.7	6.8	5.1	3.2	4.2	7.3	4.6	6.1	6.8

Este tipo de tendencia está claramente en consonancia con otra de las observaciones que habíamos producido a través de la encuesta realizada en el marco de este estudio respecto de la existencia de tres grupos poblacionales bien diferenciados: los "usuarios altos", que acostumbran a acercarse todos los días al local y a permanecer varias horas en el mismo (25%); los jugadores que suelen concurrir casi todos los días pero permanecen sólo 1 hora promedio (22%): "usuarios medios"; y quienes concurren sólo algunas veces durante la semana y permanecen poco tiempo: "usuarios bajos" (53%). El promedio de edad de los "usuarios altos" ronda los 16 años; 18 años los "usuarios medios" y 19 años los "usuarios bajos.

Entre los factores que condicionan la frecuencia y la permanencia en los locales y que aparecen espontáneamente en el discurso de algunos jugadores que respondieron entrevistas en profundidad, se cuentan:

- La disponibilidad de tiempo libre: en general, como se dijo, asociado a tiempo de no estudio o de no colegio. Esto puede manifestarse de diferente modo y en distintos momentos: el fin de semana por oposición a los días de semana; la mañana como contraturno del colegio a la tarde y viceversa; la disponibilidad de tiempo entre horas.
- El dinero disponible y el costo del servicio.
- La presencia y relación con los otros jugadores.
- El tipo y complejidad del juego y la destreza de los contrincantes.

¿Sólo o acompañado?

Otro aspecto que exploramos tendiendo a la descripción de los hábitos de consumo es el que se relaciona con la opción por concurrir solo o acompañado a los locales. Esta indagación se instalaba como puerta de entrada al problema de la sociabilidad que desarrollaremos más adelante. En relación con este problema observamos que es muy poco frecuente que los entrevistados privilegien la soledad en lo que respecta a la concurrencia a estos locales y el uso de los juegos. Cuando llegan solos, destacan que se encuentran en el local con otros que ya conocen y en muchos casos consideran "amigos". Se suman entonces a los pequeños grupos que se van constituyendo a medida que llegan nuevos jugadores y se integran al juego. Puede darse el caso también, sobre todo en pequeños locales barriales, de que la casi totalidad de los presentes está jugando el mismo juego.

Sin embargo, la pauta predominante es llegar al local acompañado, en algunos casos por amigos o compañeros de colegio, en otros casos por familiares (sobre todo primos y sobrinos) que pueden incluso ser de menor edad. De todos modos cabe mencionar que los entrevistados aclaran permanentemente que no se trata de grandes grupos, los cuales sólo se forman ocasionalmente y en general dentro del mismo local, sino de grupos pequeños o medianos. También en este caso, la apreciación se puede considerar en el marco de los resultados que produce la investigación cuantitativa, según la cual "el 71 % de los jugadores juega habitualmente con otros y la conducta más usual es concurrir al locutorio o cibercafé acompañado por personas que integran el grupo de amigos fuera del establecimiento. Sin embargo, la mayoría de los usuarios reconoce que por lo menos hay una persona integrante de su grupo de amistades con las que realiza otras actividades fuera del local".

Las preferencias y sus motivaciones

Ratificando la percepción de los encargados de locales, el juego que aparece como favorito indiscutido es el Counter Strike[37], que se ratifica también como el más jugado tanto en los locales del centro como de los barrios.

Antes de la crisis a fines de los años 1990 y 2000, Counter Strike era la propuesta más novedosa y, según E. Goyman[38], tuvo un impacto importante en el desarrollo de los *cibers* que vieron en su incorporación una buena oportunidad de ingreso de dinero. En ese momento las condiciones de paridad cambiaria permitían cobrar el servicio de juegos en red un peso la hora, y ese peso equivalía a un dólar. De modo que la recaudación permitía cambiar las máquinas y estar al día con la infraestructura tecnológica. Pero después de la crisis, muchos propietarios de este tipo de salones se encontraron ante la imposibilidad de *aggiornar* las máquinas, cuestión que resulta al mismo tiempo imprescindible para el progreso del negocio porque los programas son cada vez más complejos y necesitan "más computadora". Entonces, el gran problema que surgió es que no era posible subir los precios porque la capacidad de consumo del público estaba cada vez más limitada y se pasó de cobrar un dólar a cobrar un peso. En ese contexto, un disco rígido que cuesta cien dólares pasó a costar trescientas horas de juego. De modo que tanto la renovación de los equipos como el acceso al software original comenzaron a hacerse imposibles. De allí que los locales públicos como los *cibers* quedaran estancados en la oferta del Counter Strike, ya que si compraban juegos nuevos, no podían hacerlos funcionar porque no tenían capacidad en sus computadoras. Counter Strike es un juego que ya casi no existe en el resto del mundo. Hay en todo caso versiones más avanzadas del juego pero que no funcionan en las máquinas que al momento de realizar este estudio están en todo el país. Por otro lado, algunos *cibers*, procurando estar al día, han logrado instalar el nuevo Counter Strike, pero muchos jugadores prefieren jugar

---

[37] Incluimos una descripción de las características del juego hacia el final de este capítulo.

[38] Presidente de EDUSOFT, la principal empresa de distribución y desarrollo de videojuegos y juegos en red que hay en Argentina, con quien conversamos en septiembre de 2006.

la versión anterior porque es la que más juegan y aquella con la que están más familiarizados y por lo cual tienen más dominio.

Según los resultados de la encuesta, en materia de preferencias sobre tipos específicos de juegos en red, no se advierten diferencias de considerable significación entre los usuarios y las usuarias de los distintos tramos etáreos: mayoritariamente prefieren el Counter Strike. Efectivamente, se trata del juego que más frecuentemente juegan el 54% de los varones y el 40% de las mujeres.

De acuerdo con las declaraciones que realizan los jugadores a través de las entrevistas en profundidad, también están quienes juegan Counter Strike no porque lo prefieran, sino porque es entienden que es el favorito de la mayoría, el que todos quieren jugar.

Quienes juegan en los locales céntricos mencionan una mayor cantidad de juegos a la hora de citar las preferencias y suele suceder que los juegos favoritos coincidan con los que se citan como más jugados. En orden: Age of Empire, Battle Fire, GTA, Vice City y en menor medida, Desert Combat, Táctica Arena, X4 Speed y Mu.

En el caso de los locales de los barrios observamos, por un lado, una mayor coincidencia con la percepción que tiene los dueños de los locales sobre otros juegos que aparecen entre los favoritos, que son War Craft, (no tanto Age of Empires) y otros que son descriptos por los encargados como poco estratégicos (Need for Speed, Medalla de Honor, GT A). Además, aparece mayor cantidad de menciones de otro tipo de juego *on line*, denominado Ragnarok.

> "Tenés que crear un personaje y entrenarlo para que sea cada vez más fuerte y buscar una ropa para que tenga cada vez más defensa y todo. Tenés que armar vos todo el personaje. Cada uno crea su personaje como quiere. Después podés hacer una pelea contra cada uno, contra una sola persona. O después podés, hay una base que tenés que tomar un castillo que hay gente protegiéndolo y vos entrás y tenés que sacar a esa gente. Ese es un juego *on line*." (Víctor)

Unos pocos jugadores de los barrios eligen Tenis Virtual y Ajedrez. Según la encuesta, los jugadores mayoritariamente prefieren el Counter Strike, y, entre quienes tienen otros juegos como su alternativa favorita, los varones suelen optar por los juegos bélicos o de lucha y las mujeres por los juegos de competencia deportiva.

Las motivaciones que operan a la hora de elegir los juegos en red que se juegan son de distinto orden. En primer lugar destaca que tanto en los locales barriales como en los establecimientos céntricos los entrevistados eligen los juegos que "le gustan a la mayoría" porque son los que "juegan todos", los que ponen a disposición a los otros que pueden ser rivales o compañeros de equipo.

> "(...) es el juego que juega la mayoría. Hay otros juegos, pero te metés y no hay nadie. Lo bueno es jugar con muchos."(Jorge)
>
> "(...) por ahí, los que más te gustan son los que juegan todos, y son el Counter Strike, que vos te metés como que estás peleando contra alguien. (...) tenés tus armas, gritás y ves mucha acción, balas, todo ese tipo de cosas que a la mayoría le gusta." (Andrés)

Además de ese tipo de comentario, se identifican también, sobre todo en los locales céntricos, otras motivaciones. Algunos jugadores privilegian el carácter competitivo del juego que eligen, sobre todo cuando se trata del favorito Counter Strike. La competencia puede vincularse con la superación personal además de la del adversario.

> "Porque es un juego de superarse. En ese juego vos te superás. Es un juego más de superarse, de evolucionar, de estar en todo, de ir controlando todo así que... y de medir fuerzas con el vecino." (Iván)
>
> "(...) me gusta porque es bastante competitivo. Lo que tiene es que tiene bastantes errores. Los que juegan bien se dan cuenta. Los que juegan poco o casi nunca no se dan cuenta y eso ayuda porque no conocen las trampas." (Gonzalo)

Otro aspecto que se destaca en relación con la competencia es el que está relacionado con el comportamiento estratégico y táctico en el juego, aún en aquellos juegos que no se definen como estratégicos en sí mismos.

> "A mí me gustan más los juegos esos de estrategia porque es meterse y entrenar." (Rodrigo)
>
> "Es que está muy bien definido el juego. Siempre tenés que tener mucha táctica para jugar este juego. Tenés que pensar qué va a hacer el otro." (Demián)
>
> "Me gusta más la estrategia porque me hace pensar." (Nahuel)
>
> "El de estrategia está bueno porque uno como que empieza de la nada. Va juntando recursos, comida, armándose un ejército, las tácticas. Hay que buscar información en Internet o algo así para aprender las tácticas."(Maximiliano)

Quienes eligen los juegos de guerra o de acción valoran especialmente el carácter dinámico del juego, pero existe también un componente vinculado con la acción que caracteriza el género y es la posibilidad de "jugar a matar".

> "No sé qué es lo que te engancha. Te matan y te dan ganas de seguir jugando, querés seguir y matar a todos. Es una adrenalina que está buena, es divertido." (Manuel)
> "Y porque es un juego de armas, tenés que comprar armas. Tenés que ir a matar. Es como si fuera que estás ahí (¿matando gente?, ¿qué, te gusta matar gente?) No, me gusta jugado, está bueno." (Brian)

Sin embargo, a pesar de las representaciones que suelen construirse respecto de la violencia como motivación para el consumo de este tipo de juegos, este factor no alcanza a constituir una posición de peso especialmente gravitante si se considera el discurso de los entrevistados en sentido global.

Otras actividades y consumos dentro del local

Los entrevistados entienden que una vez que se adquiere experiencia con los juegos y se les toma el ritmo, se pueden aprovechar las pausas para comer o beber algo (mencionan gaseosas y golosinas). Salvo en uno o dos casos, no aparecen menciones espontáneas vinculadas con los cigarrillos o el hábito de fumar.

La relación con la PC no se limita a la práctica de juegos en red, sino que tanto dentro del local como en el hogar (en los pocos casos en que se declara posesión de PC), se desarrollan otras prácticas vinculadas con las posibilidades de uso que ofrece el medio informático en general e Internet en particular[39]. El "chateo"[40] es una actividad bastante generalizada. En

---

[39] Cabe mencionar que al igual que en un estudio anterior en el cual se enfocaba la relación que los maestros establecen con las tecnologías informáticas (Cabello, 2006), los entrevistados no diferencian las nociones de Internet y de web. Antes bien, en todos los casos se refieren a la primera. Internet suele definirse como una red de computación de alcance mundial que está conformada por miles de redes de computación que conectan entre sí millones de computadoras. En cambio la *World Wide Web* (WWW) es una forma de ver toda la información disponible en Internet, como un continuo, sin rupturas. El usuario navega a través de un complejo de información realizando búsquedas, operaciones hipertextuales. (Rey Valzacchi, 1998)

[40] Chatear es un anglicismo (de to chat, charlar, conversar) usado entre hispanohablantes en Internet, refiriéndose a conversaciones bien sea utilizando un cliente de TRC, o bien sea usando programa de mensajería instantánea. (es.wikipedia.org/wiki/Chatear) IRC es la sigla de Internet Relay Chat que es un servicio dentro de Internet que permite establecer

cuanto a los usos de Internet, destacan principalmente dos: en primer lugar la acción de "bajar música" y/o "escuchar música" y, en segundo lugar, la búsqueda de información vinculada en general con requerimientos escolares. En el momento en que se hicieron las entrevistas el uso del correo electrónico[41] impresiona menos instalado entre estos adolescentes que, al mismo tiempo, comienzan paulatinamente a incorporar el "fotolog"[42].

Esta descripción se ratifica en el contexto de los resultados que arroja la encuesta, según la cual durante los lapsos de permanencia en el locutorio o cibercafé, 9 de cada 10 usuarios ejecutan otras prácticas informáticas de conectividad, además del juego en red; actividades tales como las siguientes, y en este orden: 1) chatear (sobre todo las usuarias más jóvenes (hasta 19 años); 2) navegar por Internet (principalmente los usuarios varones); 3) correo electrónico; y 4) jugar con la PC a juegos de Internet.

Del mismo modo, y en cuanto a los usos de otro tipo de videojuegos, las entrevistas ratifican la información que se produce a través de la encuesta. Según este último estudio, quienes típicamente adscriben a la condición de visitantes habituales al local de video juegos en red son jóvenes/adolescentes y jóvenes/adultos de sexo masculino, el 60% de los cuales habitualmente juega otros juegos electrónicos, desde las consolas conectadas a un televisor hasta las computadoras personales, pasando por los portátiles. En cambio, las comparativamente pocas usuarias que

---

conversaciones en tiempo real, no a través de la voz, sino a través del tipeo en el teclado. Si bien las charlas en IRC son en tiempo real, pueden producirse demoras o retardos (denominados *lag*) por saturación o limitación en las conexiones. (Rey Valzacchi, 1998)

[41] Explica Rey Valzacchi que el funcionamiento del correo electrónico (el servicio más tradicional y más utilizado por los usuarios de Internet) es similar al del correo postal, ya que cada usuario tiene una casilla de correo y al enviar un mensaje éste pasa de red en red por medio de *gateways* hasta llegar a su destino. El mensaje se recoge mediante un programa *cliente* de correo electrónico.

[42] La palabra *fotolog* en español tiene dos orígenes: derivada del inglés photoblog (bitácora fotográfica) y derivada del sitio Fotolog.net (una de miles de bitácoras pertenecientes a una comunidad). A diferencia de un álbum de fotos, en un fotolog se publican unas pocas fotos diarias, generalmente una sola. La palabra fotolog (o *fotoblog*) originalmente se refería a una variante de weblog. que consiste básicamente en una galería de imágenes fotográficas publicadas regularmente por uno o más amantes de la fotografía. El texto es tanto o más importante que la foto. Generalmente, ésta ilustra un aspecto importante del texto y otras veces, el texto describe el contenido de la foto. Muchas veces se aceptan comentarios en la forma de libro de visitas, y estos habitualmente se refieren a la fotografía, o al igual que cualquier weblog, a los hechos relatados. Existen sitios dedicados a hospedar estas bitepro como Flickr o Blogspot, pero lo habitual es que estos tipos de fotologs estén en un sitio cuyo dueño es una única persona. En estos casos, el autor debe usar un gestor de contenidos para fotologs. (es.wikipedia.org/wiki/Fotolog).

se suelen encontrar en los locales y que mayoritariamente también suelen ser jugadoras de otros juegos electrónicos, además de los juegos en red, acreditan su condición de jugadoras con una antigüedad promedio de 1 año –o menor–, y por lo general visitan el establecimiento un máximo de 2 días por semana –que suelen ser sábados y domingos–.

Otras actividades de tiempo libre

Cuando se trata de mencionar las preferencias respecto de las actividades que se realizan durante el tiempo libre, la gran ausente es la televisión. Sin diferencias entre sexos, edades y zonas en donde son entrevistados, los jugadores desestiman a la televisión como opción de entretenimiento. Al menos, no es un consumo que se imponga espontáneamente en el discurso de los entrevistados.

Tampoco parecen ser muy valoradas otras ofertas de la industria cultural como el cine o las películas. El hábito de escuchar música aparece en el discurso de unos pocos entrevistados de manera espontánea pero no exclusiva (es decir, siempre en medio de una lista de otras actividades).

En cambio, pueden reconocerse dos posiciones bien definidas que, en todos los casos, involucran la presencia de terceros. Por un lado, las actividades al aire libre que comprometen el uso del cuerpo se presentan con gran fuerza en el discurso de algunos jugadores cuando les pedimos que expliciten qué les gusta hacer durante su tiempo libre. Puestos a organizar un *ranking* de preferencias, los deportes (tenis, natación, paddle, handball, volley, que se realizan en el club, en el barrio, o como entrenamiento para la escuela) y "jugar a la pelota" (actividad que en general está excluida de la categoría anterior) aparecerían en primer lugar. A esta lista habría que agregar el gusto por caminar y andar en bicicleta con amigos.

Por otro lado, están quienes mencionan los juegos de mesa (ajedrez, damas, rompecabezas, naipes) y el "truco" (actividad que, al igual que el fútbol respecto de los deportes, en general está excluida de la categoría anterior, parece merecer una clasificación propia)

4. Algunas ideas sobre estos usos y hábitos de consumo de juegos en red.

A partir de la aproximación que realizamos, estamos en condiciones de describir un perfil de los usuarios de este tipo de juegos en locales públicos. Se trata especialmente de adolescentes de sexo masculino[43], aunque es cierto que se identifican también jóvenes mayores de 18 años.

Si tomamos esos aspectos como punto de partida, podemos establecer una línea de continuidad en relación con la práctica de videojuegos en locales públicos que, originada en los años de 1980 tuvo su auge durante la primera mitad de la década de 1990 y comenzó luego su curva suavemente descendente hasta finales de la misma. Proponemos esta relación no solamente porque la mayoría de los jugadores de juegos en red juegan habitualmente otros juegos electrónicos. En estudios anteriores (Cabello, 2002 y 2005) habíamos podido diferenciar al menos dos generaciones de jugadores[44]. Una generación es la que denominamos en ese momento "los teens" (de 14 a 19 años). Se trataba de un grupo integrado por personas poco experimentadas, tanto en lo que respecta a los videojuegos como a las experiencias de vida. Se mostraban titubeantes, con escasa facilidad de palabras y evidenciaban bastante dificultad para objetivar su rol de videojugadores. La otra generación fue denominada en ese estudio "los veteranos" (20 a 29 años). Se trataba de un grupo integrado por personas muy experimentadas, no sólo en cuestiones de videojuegos, sino que habían recorrido un camino más amplio en la vida misma. Se mostraban entonces, sobre todo los mayores, más seguros de sí mismos; tal vez un poco menos susceptibles frente a los prejuicios y, sobre todo, más afianzados en su rol de videojugadores.

---

[43] La clase o sector social al que pertenecen estos jóvenes no ha sido indagado como tal sino que consideramos algunas variables contextuales. Por un lado, aquellas que caracterizan al partido de San Miguel como integrante del área periférica de Buenos Aires, sobre todo desde el punto de vista de los principales indicadores socio-económicos que presentamos en el inicio de este capítulo. Por otro lado, tomamos en consideración la variable "posesión de computadora en el hogar", a sabiendas que se trata de uno de los factores que se entiende como determinante en relación con las posiciones que se ocupan en torno a la denominada "brecha digital".

[44] "Los salones públicos de juegos electrónicos se constituyen como espacios de entretenimiento que convocan a personas de diferentes edades y procedencias socio-culturales. Sin embargo, las distancias no son tan marcadas sino que la disparidad tiene ciertos límites: territorio adolescente por excelencia, resulta cómodo también para jóvenes de 20 a 30 años que compiten palmo a palmo por cada metro cuadrado de estas casas. Territorio masculino por excelencia, recibe sin demasiados prejuicios a las mujeres que disfrutan con la escasa oferta de juegos no violentos, no deportivos, no combativos. Predominan en este territorio, sobre todo en las grandes cadenas de locales, los hijos de los sectores medios y medio-bajos de la población urbana, los adolescentes aún dependientes de sus padres, los hijos ya mayores trabajadores autosuficientes, y, en algunos casos, independizados." (Cabello, 2002: 133)

Si consideramos la edad como variable de corte generacional[45] podemos señalar la primera línea de continuidad entre las dos prácticas aquí contempladas: la de consumo de videojuegos y la de consumo de juegos en red. No obstante, tres cuestiones podrían apuntarse al respecto: en primer lugar, el hecho de que mientras en los locales de videojuegos el público se repartía casi equitativamente entre ambas generaciones, en el caso de los videojuegos en red (y de los videojuegos en locales públicos en general en la actualidad), los adolescentes predominan en los locales en donde se juega este tipo de juegos; en segundo lugar, y en vinculación con la afirmación anterior, mientras que los videojugadores de los noventa demostraban fuertes diferencias generacionales en lo que respecta al dominio de los juegos y su apropiación, en la actualidad los jugadores de juegos en red parecen componer un universo compartido en el que los saberes y aprendizajes circulan de manera más horizontal, desdibujando esas diferencias que se imponían en relación con los usos más individuales de los videojuegos. En tercer lugar, habría que indicar que pareciera estar produciéndose un adelanto en el inicio de las prácticas de videojugar ya que mientras el límite inferior en el caso de los videojuegos se presentaba a los 14 años, en el estudio sobre consumo de juegos en red el límite inferior se identifica a los 12 años.

El otro factor que componía el perfil del usuario típico es el que lo reconoce como de sexo masculino. En relación con este aspecto puede señalarse otra línea de continuidad con la práctica de consumo de videojuegos en locales públicos. Estos locales habían sido definidos en su oportunidad como territorios masculinos por excelencia en los cuales circulaban algunas mujeres. Es cierto que los juegos en red se juegan en locales en donde se realizan también otros tipos de usos de las tecnologías informáticas y de la comunicación, de allí que la presencia de mujeres en ese tipo de ámbitos es más nutrida y sostenida que aquella que podía verse en los antiguos locales de videojuegos. Pero la práctica misma del juego,

---

[45] Al poner en tela de juicio la actualidad y eficacia de los intentos de sintetizar experiencias en términos "generacionales", O. Steimberg hace visibles algunos aspectos que entran en juego en ese tipo de definición (y que trascienden, por cierto, la mera consideración de la edad). Dice: "si se quiere dar también a las nuevas generaciones este nombre, habrá que sustituir en parte la referencia a la formación común, al universo compartido de lecturas, a los proyectos coincidentes y a la conciencia de pertenecer a un mismo tiempo y espacio –datos de un verbo compartido– a partir de los cuales se definía una generación, por circunscripción de una coincidencia en ciertas operatorias, que han demostrado poder invadir lenguajes diferentes". (Steimberg, 1997:106)

la participación en equipos o la competencia sigue estando en vinculación directa con los hombres.

En el capítulo 1 hicimos referencia a un conjunto de investigaciones que enfocan la cuestión de género, especialmente en relación con los videojuegos. Cuando se aborda la relación entre juegos de computadora y género, los análisis textuales y de contenido suelen predominar. Hay estudios (Díaz Gutiérrez, 2002; Rodríguez, 2002) que demuestran que los personajes femeninos aparecen habitualmente en claves estereotipadas y estereotipantes. La idea de que el mundo de los videojuegos es claramente machista parece estar muy instalada entre los investigadores que se dedican a la perspectiva de género. Se destaca el hecho de que los videojuegos están hechos para chicos, pensados para un imaginario masculino y responden a lo que desde la representación social serían los deseos, afinidades y aficiones de los varones. Según contenidos, estética y personajes están pensados para chicos, al punto que las chicas que juegan llegan a estar mal vistas, sobre todo por sus propias compañeras. Sin embargo, hay otro tipo de planteos (Bryce y Rutter, 2002) que abordan estos juegos en lo que respecta al contenido de género de los mismos pero observando también los espacios de juego y las actividades. Se ha sugerido que la idea del jugador de videojuegos como un masculino antisocial es un estereotipo popular y que, por el contrario, se incrementa la evidencia sobre el juego femenino. A partir de ese enfoque se sugiere la necesidad de examinar la relación entre el género y esta actividad con mayor profundidad y en los contextos cotidianos. Incluso se ha llamado la atención sobre el hecho de que los juegos de computadora pueden resultar un espacio potencial para transformar los estereotipos dominantes sobre género relacionados con la producción y consumo del ocio contemporáneo. En una línea similar, un análisis del juego *Sims* (Flanagan, 2003) reflexiona sobre qué sucede cuando los video games, espacios originalmente masculinos creados por hombres, se combinan con espacios domésticos, históricamente asociados con el universo femenino. La respuesta que produce el estudio es que se genera una especie de "feminización" del jugador. La feminización se realiza a través del diseño del espacio de juego, a través de las tareas del juego y sus objetivos y más allá, esta feminización es reflejada socialmente a través de la dominancia de la cultura del consumo. Es cierto que se trata de uno de los pocos juegos principalmente elegidos por mujeres.

En rigor, nos parece que este tipo de asociaciones puede extenderse a otros consumos culturales de los niños y adolescentes, sobre todo cuando se trata de productos mediáticos. Los géneros predominantes en los videojuegos y, sobre todo en los juegos en red, son aquellos que se entienden como de "acción" y "bélicos". Es decir que son los mismos géneros que convocan a este público a la hora del cine, el video y las películas por TV, sólo que se tornan aún más atractivos cuando el jugador puede ser partícipe de la acción. Es cierto que los juegos en red parecen estar teniendo un tipo de desarrollo que no rompe con la lógica de género que se señalaba para el caso de los videojuegos y que, al menos en los ámbitos explorados en este estudio, no logran convocar una presencia femenina más firme.

La antigüedad del vínculo que los jugadores establecen con los juegos en red permite pensar en al menos dos tipos de asociaciones posibles: la que refuerza la continuidad con el consumo de videojuegos y la que incorpora la influencia de la penetración de los medios informáticos. Por un lado podemos establecer un nuevo factor de continuidad entre la práctica de videojuegos y la del consumo de juegos en red. Mientras los usuarios jugaban videojuegos en locales públicos o en sus casas, a través de diferentes soportes como consolas o PC, fueron desarrollándose y poniéndose a circular los juegos que pueden jugarse en redes locales o en redes de computadoras personales (entre casas, podría decirse; aunque este último caso se verifica entre jugadores de ciertos sectores socioeconómicos urbanos más acomodados) y poco a poco fue generándose una convivencia que marca el rumbo de una transición a una etapa nueva en la cual la práctica de videojugar no se abandona completamente, sino que pasa a tener, podría decirse, un peso relativo menor en relación a estos otros juegos que atrapan la atención de los mismos públicos (existen incluso algunos videojuegos que se desarrollan luego en su versión "en red").

Por otro lado, podemos establecer otra asociación que parece estar en la base del proceso de expansión del consumo de juegos en red. Se trata en este caso de una trayectoria más amplia de desarrollo y usos de las tecnologías informáticas. Si bien 1995 es el año que se conoce como de lanzamiento de Internet en Argentina y se puede considerar como un momento en el cual se amplían las relaciones que un conjunto de usuarios establece con las tecnologías informáticas, también es preciso señalar que se ha tratado siempre (y sigue siéndolo) de un proceso desigual si se lo considera desde el punto de vista social, económico y cultural. Los procesos de acceso y apropiación de las tecnologías de la información y la comunicación (TIC) tienen características complejas ya que intervienen diversos factores.

A pesar de esas diferencias, los niveles de penetración de los medios informáticos –Internet, pero mayormente la propia PC– han generado una curva ascendente desde mediados de la década de 1990 en adelante. Si se consideran números absolutos, la evolución puede verse claramente ya que el parque de PC en 1995 era de 1.182.000, mientras que en 2002 alcanzó los 3.000.000. De todos modos, ese crecimiento ha sido muy lento y es de destacar que la penetración de la PC en Argentina es baja y semejante a la de los países de su entorno. Hacia 2002 (momento en el cual se ha establecido aquí la fecha de inicio del consumo de juegos en red) Argentina disponía de 8.2 PC por cada 100 habitantes (si se considera un estudio de UIT) y esto la ubicaba por debajo de Chile y Uruguay. La proporción se modifica levemente a 10.4 PC por cada 100 habitantes si se toma en cuenta un estudio de Price & Cooke de noviembre de 2002[46]. La crisis económica afectó seriamente el proceso de penetración de la PC durante 2001 y 2002. Durante 2003, el mercado de computadoras personales experimentó una mejora, ya que las unidades vendidas durante el tercer trimestre superan a las del mismo trimestre de 2002 en un 209%, aunque hay que considerar que en ese entonces el costo de una PC era superior al ingreso promedio del 70% de la población[47]. Otro tanto sucedía con las conexiones a Internet, ya que en diciembre de 2002 un poco menos de la mitad de PC en hogares se conectaban con Internet por lo menos una vez al mes. A pesar de esta baja proporción, esta cantidad supera a la que se daba por ese entonces en Brasil, Chile, México y Perú (siempre considerando conexiones desde hogares). En 2003, la penetración de Internet en los principales centros urbanos del país se estimaba en 27% y aproximadamente el 40% de los jóvenes entre 13 y 29 años eran los más conectados[48].

Las cifras ratifican la presunción de que la evolución de la penetración del medio informático encierra tensiones. Se trata de un proceso en ascenso sostenido, pero que enfrenta las dificultades derivadas del alto costo que tienen los equipos para la población Argentina que no ha logrado recomponer la capacidad de consumo, sobre todo luego de la crisis económica. Pero al mismo tiempo, y como consecuencia del proceso ascendente, la presencia de las computadoras y de Internet en la vida cotidiana de las personas se ha hecho cada vez más importante. La disposición de computadoras en locales públicos ha operado a favor de esa situación y ha

---

[46] Ambos estudios se citan en el Informe Telefónica de Argentina sobre Sociedad de la Información, 2005, pp.74.

[47] Según estudio de IDC (International Data Corporation), que estimaba para mediados de 2003 un incremento anual de aproximadamente 140%. Op. Cit., pp.75.

[48] EGM (Encuesta general de Medios), 2da. Ola, 2003, op.cit., pp.53.

impactado generando paulatinamente mayores niveles de familiaridad en los usuarios y potenciales usuarios.

En ese contexto, la PC comenzó a incorporarse más "naturalmente" como soporte privilegiado de este tipo de juegos. Por un lado, porque ofrece las condiciones de posibilidad para aquellos factores que hacen de los juegos en red una atractiva opción de entretenimiento: permite operar las ventajas de la interactividad y permite relacionarse con otros a través de la máquina/juego y en torno de ella. Por otro lado, poco a poco los jugadores, cada vez más familiarizados y menos temerosos de la tecnología, fueron apropiándose de esas máquinas y de esas posibilidades tan valoradas.

De modo que los juegos en red parecen erigirse como un centro en torno del cual se articulan varios aspectos muy valorados: el entretenimiento, la relación con los otros y la posibilidad de formar parte de un entorno tecnológico que se constituye conflictivamente y avanza no sin tensiones instalándose a través de las representaciones sociales y de las estacadas del mercado como universo deseable al cual se pretende pertenecer.

De allí que los entrevistados se esfuercen permanentemente por subrayar la idea del entretenimiento, del placer de jugar, del gusto por compartir el tiempo con los amigos, por oposición a las imágenes bastante generalizadas del *fanatismo* y el *vicio*, tan instaladas en las representaciones cotidianas que aparecen espontáneamente en el discurso de estos jóvenes. Discurso que da cuenta del modo como esas imágenes se han internalizado en sus sujetos, quienes a su vez no pretenden negarlas ni discutirlas, sino simplemente tomar distancia de ellas.

En parte esa distancia se edifica sobre la noción de tiempo libre que construyen los jugadores.

En el momento en que planteamos el proyecto de investigación consideramos que en términos generales se entiende como *tiempo libre* a aquel que queda disponible luego de descontar la jornada cotidiana de trabajo (dentro de la cual se incluye el tiempo de desplazamiento domicilio-lugar de trabajo-domicilio) y el denominado tiempo de mantenimiento dedicado al descanso y la restauración de fuerzas (que incluye, por ejemplo, dormir, comer, aseo personal, cuidado de los niños y de otros parientes.)

En general, desde una perspectiva que tienda al Desarrollo Humano, el tiempo libre debería ser tiempo propio, en el sentido de ser vivido como espacio para el despliegue de la actividad y de la creatividad. El tiempo en que los sujetos adquieren, transmiten e intercambian experiencias,

84

disfrutan de aquello que les causa placer e invierten en diferentes aspectos que complementan el desarrollo individual y social[49].

A partir de los desarrollos de la escuela crítica, que proponían una lectura de la propuesta de Marx sobre el tema, la noción de *tiempo libre* había quedado vinculada a una. profundización del estado de enajenación en el sujeto, ya que aún durante esa porción de tiempo, consume mercancías culturales que, como tales, son portadoras de alienación.

Entre las diferentes aproximaciones que recuperan estos planteamientos, una de las más recientes es la que realiza V. Romano (1998), que entiende por *tiempo libre* a la porción de tiempo que está bajo dominio y control de los sujetos; sería el tiempo propio, el que está organizado por los sujetos mismos. Este tiempo se define por oposición a otro que incluye varias dimensiones: en primer lugar, la dimensión del tiempo de trabajo (organizado por el empresario, privado o estatal); en segundo lugar, la dimensión del tiempo de mantenimiento, indispensable para cubrir el anterior y que, dentro de ciertos límites, no puede ser modificado y, en tercer lugar, la dimensión que abarca la porción de tiempo de ocio, que forma parte de la definición dada de tiempo libre y que es organizada por otros en beneficio suyo.

Así definido el tiempo libre, el autor considera legítimo preguntarse si existe realmente este tipo de tiempo (al menos, dice, para una gran parte de los miembros de la sociedad, encabezada especialmente por las mujeres). La tesis que sostiene es que el tiempo libre, tal como él lo concibe, es mínimo, o prácticamente inexistente para la inmensa mayoría. Antes bien, habría desaparecido la dicotomía entre tiempo de trabajo y tiempo libre ya que también éste es tiempo alienado, de otros, dominado por otros, y no tiempo propio, autodeterminado.

Este tipo de posiciones ofrecen elementos para pensar la cuestión del tiempo libre desde la perspectiva del Desarrollo Humano. Y lo hacen no solamente a través de los postulados que establecen, sino por los inte-

---

[49] Esta temática se ha enfocado desde diferentes puntos de vista, entre los cuales interesa problematizar aquella herencia de la tradición marxista manifiesta en los estudios que analizan la condición del tiempo libre en relación con la denominada *industria cultural*. Es bien conocido el planteo fundacional de Adorno y Horkheimer que sostiene que bajo el capitalismo tardío, el entretenimiento es la prolongación del trabajo: "(...) al mismo tiempo, la mecanización ha conquistado tanto poder sobre el hombre durante el tiempo libre y sobre su felicidad, determina tan íntegramente la fabricación de los productos para distraerse, que el hombre no tiene acceso más que a las copias y a las reproducciones del proceso de trabajo mismo. (...) Sólo se puede escapar al proceso de trabajo en la fábrica y en la oficina adecuándose a él en el ocio." (Adorno, T. y Horkheimer, M., 1997: 165)

rrogantes que genera su lectura y contrastación. Entre ellos existe por lo menos una dimensión que interesa explorar aquí: indagar la existencia de puntos de fuga, de fisuras, en esa caracterización del tiempo libre. En qué medida o de qué manera determinadas prácticas culturales (en este caso vinculadas con los usos de ciertos productos comunicativos e informáticos) ponen de manifiesto, en su performatividad, algún tipo de resistencia y de estrategia de apropiación de esa porción de tiempo. Esta inquietud, desde el punto de vista que sostenemos aquí, requiere un abordaje que permita visual izar asimismo las representaciones que se construyen sobre la vivencia del tiempo libre y sobre los grados de distancia en términos de expropiación y apropiación[50].

En ese sentido habría que decir, en primer lugar, que la institución que se construye en el discurso de los entrevistados como principal expropiadora de tiempo es la escuela.

Por un lado, el tiempo de presencia en la escuela es el que se equipara al tiempo de trabajo. Es el tiempo que está organizado por otros; que pone ritmo a unas prácticas también diseñadas e impuestas desde el exterior; que marca unos límites de circunscripción a un espacio determinado. Es un tiempo que se experimenta como obligatorio y es una obligatoriedad que no se discute y que está reforzada en su eficacia desde la familia en lo cotidiano y desde las representaciones sociales más generales sobre la importancia de permanecer en el sistema escolar. Si bien el problema de las expectativas a futuro o de las que se depositan en la educación no ha sido motivo específico de indagación, se ha manifestado espontáneamente en el discurso de los entrevistados una serie de señales que permiten visualizar este tipo de valoraciones, tanto entre quienes estudian como entre los pocos jugadores que han declarado no estar estudiando en el momento

---

[50] Por otro lado, las definiciones de *tiempo libre* que se han presentado en el marco de este enfoque, están directamente relacionadas con la idea de *tiempo de trabajo*. Surge la pregunta entonces respecto de cuáles son los límites de esta caracterización y cuáles sus posibilidades de reformulación cuando esta segunda categoría, la de tiempo de trabajo, se disuelve. Si bien no buscamos aquí producir respuesta a ese interrogante, el problema de investigación pone de manifiesto al menos dos dimensiones en las que se verifica tal disolución. Una de ellas es el dato de la magnitud que asume la población desempleada en el ámbito en el cual se realiza la indagación. En este caso, la frontera entre tiempo de trabajo y tiempo libre se disuelve pero no necesariamente por obra de la *alienación*, sino, podemos decir, por efecto de la expansión del *tiempo de no trabajo*. La otra dimensión es la de la condición de la población con la cual se ha trabajado: púberes y adolescentes en su mayoría, desvinculados del proceso laboral no únicamente por cuestiones etarias sino por las características que asume el mercado laboral en el área de referencia.

de la realización del estudio de campo. En esos casos (tomando incluso en consideración el modo como la situación de entrevista condiciona las posturas que asumen los entrevistados) la interrupción de la cursada escolar se transmitía no como abandono, sino como suspensión temporal, ya sea por haber repetido un año o por haber tomado la decisión de dejar de asistir. Pero más allá de la situación efectiva, los entrevistados no asumían en su discurso un corte o una oposición a la obligatoriedad, tratándose siempre de los entrevistados que se encuentran en edad escolar.

Por otro lado, son muy pocos los entrevistados que trabajan y coinciden en general con los de mayor edad, una de ellos ya está fuera de la escuela y los otros dos estudian y trabajan. De modo que si se consideran tanto un caso (aquel en el cual la escuela expropia tiempo) como el otro (donde el trabajo expropia tiempo), la aproximación realizada a través de las entrevistas no ha permitido indagar la idea de la expansión del *tiempo de no trabajo* por oposición a la idea de *tiempo libre* ya que, cuando no se trabaja, no se construye una posición según la cual se añore la posibilidad de estar destinando tiempo al trabajo porque ese lugar lo ocupa la escuela, tal como tradicionalmente lo ha hecho.

Consecuentemente existe otra porción de tiempo que también está relacionada con la escuela, y es aquella la que se dedica al estudio, la resolución de tareas escolares y la preparación de exámenes. Es un tiempo que no es libre porque está destinado a producir las condiciones de supervivencia y movilidad dentro del sistema educativo, con vistas al objetivo de la promoción y la acreditación.

De modo que *el tiempo libre es, predominantemente, el tiempo de no colegio.* El tiempo en el que no se está en la escuela y en el que no se está trabajando para y por ella. Esto no significa que exista la sensación generalizada de que es posible disponer y organizar libremente esa parte del tiempo. Sin dudas es la familia la institución que mayor poder de intervención posee a este respecto. Son sobre todo los padres quienes pueden, especialmente en el caso de los menores, condicionar el uso del tiempo libre e incluso la definición que del mismo pueda producirse. Otorgando permisos, estableciendo horarios, imponiendo la presencia de los hermanos menores, proponiendo actividades extracurriculares, los padres delimitan, organizan y circunscriben el tiempo libre, o al menos tratan de hacerlo.

Pero una vez que las delimitaciones han quedado establecidas (a partir del condicionamiento familiar en el caso de los menores y por el límite que fija el final del tiempo de trabajo en los casos correspondientes) el tiempo libre se experimenta *como si fuera* tiempo propio y en el cual los sujetos adquieren, transmiten e intercambian experiencias, disfrutan de aquello que les causa placer. Esto se traduce principalmente en dos aspectos: por un lado, la asociación fuerte con la idea de *entretenimiento* y, por otro lado, el énfasis en la opción por *estar con el otro*.

La vinculación de la idea de tiempo libre con la de entretenimiento no es privativa de estos entrevistados ni de los grupos socioculturales a los que pertenecen, sino que está muy difundida en la población en general y entre los estudios en comunicación en particular. A partir de la constitución y posterior consolidación de las sociedades urbanas e industriales, la noción de entretenimiento suele significarse como opción prioritaria para los momentos de ocio e incluye los consumos de productos de los medios masivos y un conjunto de prácticas que se desarrollan fuera del mundo laboral (deportes, espectáculos y otras aficiones). Es cierto que las múltiples y diversas prácticas, productos y usos ligados al campo del *entretenimiento* se relacionan desde sus orígenes con el desarrollo de la *industria cultural* pero no puede afirmarse que se limiten a ella.

Si se consideran las declaraciones de los entrevistados, esta idea se refuerza, no porque se la explicite, sino porque está en la base de las opciones y actividades que realizan estos jóvenes. Varios practican deportes; todos eligen salidas, caminatas y encuentros con amigos; algunos juegan incluso juegos de mesa. En todo caso, la idea de entretenimiento no está asociada únicamente con consumos de productos y con actividades, sino con la idea de "pasarla bien", de "no aburrirse", de "disfrutar" y, en el peor de los casos, de "pasar el tiempo". Es esa la perspectiva predominante cuando se trata, como se dijo, de tomar distancia respecto de las imágenes del fanatismo y el vicio en relación con los juegos en red. Jugar en red significa una opción de entretenimiento, una manera de pasarla bien y de disfrutar del placer que ocasiona la actividad lúdica[51]. Para ello se realiza un consumo cultural que involucra la mediación de un dispositivo tecnológico que requiere ser apropiado por el jugador. El proceso de apropiación de esa tecnología (aprender a usarla y dominarla) forma parte del entretenimiento[52], porque el mismo no deja en este caso de estar signado por la competencia. Quien mejor se apropia de la tecnología consigue mejores recursos para competir. De allí que se destine tanto tiempo a la práctica, al entrenamiento que no es otra cosa que destinarle tiempo al

---

[51] Las implicancias de la actividad lúdica en relación con los juegos en red se tematizan en el capítulo final.

[52] Este tema se retorna más adelante.

juego. Los jugadores juegan más horas semanales que las que declaran como primera mención y lo hacen porque se entretienen aprendiendo, disfrutan adueñándose de la tecnología y lo hacen jugando, no porque pretendan dominar a la máquina para ganarle, sino porque buscan ganarle a otros jugadores haciendo un mejor uso de ella. Y mientras tanto, siguen jugando.

Hay que señalar también otro factor que hace pensar en que el tiempo libre se experimenta *como si fuera* tiempo propio y es el modo como se establecen las prioridades y las opciones. Una posición que se ha descrito como minoritaria es la que, no obstante, oficia como disparador para una observación de este tipo. Se trata de aquella que asumen los jugadores que no vinculan la práctica de juegos en red con las vacaciones, porque durante ese período prefieren hacer otras actividades que se presentan por oposición a los juegos en red como más variadas, diferentes de las rutinas, asociadas a las posibilidades del verano y los lugares de veraneo en caso de ser posible. Del mismo modo, entre las preferencias para el uso del tiempo libre se destaca una posición fuerte que subraya el gusto por las actividades al aire libre, que involucran el uso del cuerpo y la presencia de amigos.

Sin embargo cuando se examina la cantidad de horas semanales que los entrevistados destinan a la práctica de juegos en red y la distribución de las mismas a lo largo de la semana, pareciera que es poco el tiempo libre que resta para dedicarse a esas preferencias. He aquí otro factor que permite establecer una línea de continuidad entre las prácticas asociadas con el consumo de juegos en red y aquellas que se verificaban para el caso de los videojuegos. En esa oportunidad, tanto los entrevistados del grupo de adolescentes como los de mayor edad declaraban gustar de las actividades al aire libre y los deportes en su modalidad de práctica informal y, sobre todo, los mayores y las mujeres destacaban el hecho de juntarse con amigos para realizar diferentes actividades como pasear, conversar, ir al cine o bailar. Pero destinaban más tiempo a los videojuegos. (Cabello, 1999)

En otro estudio anterior (Cabello, 1998 y 1999b)[53], en el que analizábamos las prácticas de consumo de televisión por cable, se planteaba

---

[53] Cabe señalar que estamos poniendo en relación investigaciones que se han realizado en diferentes momentos y a partir del trabajo con poblaciones también distintas. Sin embargo se trata de enfocar aspectos que están presentes de manera transversal en esas indagaciones y que pueden hacer visibles algunas tendencias. Aunque desde una perspectiva epistemológica diferente de la que aquí se sostiene, Lazarsfeld (1944) planteaba que es necesario

una situación similar. Sin distinción de sexos o niveles socioeconómicos un conjunto de niños entrevistados (a los que llamamos luego los "hijos de la TV por cable") identificaban el *tiempo libre* como tiempo para jugar: a la pelota, a la mancha, a las muñecas. Además, aunque no lo hubieran privilegiado en relación con el uso del tiempo libre, todos los entrevistados afirmaban que les gusta leer: cuentos, libros gordos, libros del cuerpo humano, historietas. Decían que leer les gusta más que la tele; que ver películas en video les gusta más que la tele; que el cine les gusta más que la tele. En ese momento se verificaba un empate entre la preferencia por la tele y los videojuegos hogareños. Entonces, sorprendentemente la tele quedaba en el discurso de estos entrevistados relegada a un segundo lugar: los niños declaraban consumirla "cuando no me dejan salir", "cuando llueve", "cuando estoy aburrido". La televisión aparecía claramente asociada con el entretenimiento pero no como primera opción, sino como recurso casi obligado reservado a situaciones sobre las cuales los chicos no parecían tener control. Pero al igual que en el caso de los videojuegos y de los juegos en red, el tiempo dedicado al consumo de TVC no parecía dejar demasiados momentos disponibles para destinar a sus preferencias prioritarias.

Sin dudas se requerirá un estudio que enfoque puntualmente el problema que estamos esbozando aquí: aquel que se apoya en la hipótesis de que los consumos culturales que se realizan durante el tiempo libre y que involucran productos de la industria tecnológico-cultural tienden a imponerse produciendo fuertes efectos de desplazamiento. Es decir, existen actividades que son sujeto de disminución mientras que el consumo de algún producto tecnocultural en particular o un conjunto de ellos se revitaliza continuamente. Ese tipo de estudios debería desarrollarse de manera tal que ponga en evidencia que la hipótesis así esbozada no da cuenta de una relación lineal, sino que expresa una vinculación compleja en la que interviene y/o hace las veces de contexto una multiplicidad de factores.

Pero aún no contando con ese estudio, se puede partir aquí de esa primera aproximación para retomar la cuestión de la *sensación* de dominio o apropiación del tiempo libre a la que hacíamos referencia párrafos atrás. En el caso de los consumidores de juegos en red entrevistados no se pone

---

establecer interrelaciones entre los hallazgos de distintas investigaciones existentes, tanto en condiciones idénticas como en situaciones disímiles. "La complejidad de la vida social exige que un mismo fenómeno sea estudiado muchas veces antes de que las uniformidades fundamentales puedan ser diferenciadas de los acontecimientos sociales transitorios." (Lazarsfeld, 1944:12)

de manifiesto el hecho de que se posterguen o se desplacen otros consumos culturales vinculados con espectáculos u otras manifestaciones estéticas ni de los medios masivos de comunicación (como se daba en relación con la televisión por cable y, en menor medida, los videojuegos). Sino que, como dijimos, el consumo de este tipo de juegos (y de otras opciones que ofrecen los medios informáticos en locales públicos) está en detrimento de las actividades con terceros, al aire libre y que comportan el uso del cuerpo (como deportes y juegos) y que pueden resolverse incluso a partir de una mínima (o nula) inversión de dinero. Ya hemos señalado que existe un defasaje entre lo que los jugadores manifiestan a este respecto y las prioridades efectivas que establecen al dedicar tantas horas al juego de computadora. La pregunta que está en la base de esta observación es ¿en qué medida los jugadores instalan entonces jerarquizaciones acordes con sus deseos, de manera de definir y organizar su tiempo libre?

A esta altura corremos el riesgo de producir una posición que pueda dar lugar a interpretaciones del tipo de las que ven en la tecnología un poder de autonomización y de imposición sobre los sujetos. Frente a esa posibilidad se hace necesario tomar distancia de ese tipo de posturas, y para ello preferimos pensar la tecnología a partir de la referencia a R. Williams cuya postura conlleva la comprensión de la tecnología como institución social, como dispositivo que resulta de un proceso histórico a la vez que contribuye con su modificación y producción en la medida en que establece redes de relaciones con otras instituciones sociales. Imbricada entonces en las relaciones sociales, la tecnología no puede considerarse como neutral y con efectos universales ni tampoco puede analizarse independientemente de su empleo. Esta concepción alcanza a los productos de los medios masivos y otros productos tecnoculturales cuya oferta ha probado resultar muy seductora en determinados contextos. En el estudio sobre consumo de TVCable, por ejemplo, habíamos considerado dos localidades con características bien diferentes (Uspallata en plena cordillera de los Andes y Bahía Blanca en la prov. de Buenos Aires) y podían identificarse claramente los factores que intervenían en los efectos de desplazamiento: la distancia a los centros urbanos y el contexto natural, en un caso; el reforzamiento de prácticas vinculadas con la comodidad, en el otro, son algunos de ellos. La plurioferta de entretenimiento a domicilio se combina funcionalmente con otras variables contextuales (como la escasez de otras ofertas atractivas, las dificultades que genera la presencia de hijos, la distancia a los centros de entretenimiento) y arroja como resultado la permanencia de las personas puertas adentro durante su tiempo libre, mirando televisión.

Si bien no nos proponemos enfocar la cuestión de los efectos de desplazamiento, es posible observar un aspecto que se presenta de manera recurrente y sostenida tanto en el caso de los videojuegos (tal como se había observado en el estudio anterior) como en el de los juegos en red y que podría estar operando como una de las variables que impactan en la producción de ese tipo de efectos. Se trata esta vez de un atributo de las tecnologías informáticas: la interactividad.

En el inicio de este capítulo habíamos presentado la idea de interactividad como actividad (física) requerida por parte del receptor para la recepción del mensaje en la interacción entre el hombre y la máquina (Rausell Köster, 2005). En este punto es necesario ampliar esta noción. Habitualmente se ha caracterizado a la interactividad como un tipo singular de comunicación –posible gracias a las potencialidades específicas de unas particulares configuraciones tecnológicas– en el que ambos sujetos implicados en la interacción cubren alternativamente el papel de emisor y receptor.

Se ha dicho también que la primera característica de la comunicación interactiva sería la asunción de un nuevo papel por parte del usuario, un papel activo ya que puede iniciar y desarrollar acciones reales y puede incluso orientar el desarrollo de la interacción en relación con las propias necesidades y objetivos. El usuario puede seleccionar la información deseada y solicitarla cuando quiera; puede realizar un recorrido personal por las informaciones, es decir, consumirlas de modo no lineal; y puede incluso determinar los tiempos de interacción, los ritmos y duraciones. Sin embargo es la velocidad de respuesta del sistema lo que hace posible la interactividad: el usuario se mueve respetando las reglas de interacción prefijadas y que, en la mayor parte de los casos, no está a su alcance modificar. (Vittadini, 1995)

En el caso particular de los videojuegos ya había planteado Paulo de Salles Oliveira (1986) que la función del videojugador es asimilar y reproducir de la mejor forma posible un contenido ya hecho. Es decir que el jugador no crea nada sino que es simplemente, decía, un receptor o, cuando mucho, un imitador. De este modo la supuesta participación activa del jugador se resumiría en acatar las normas y usarlas en su propio provecho, lo cual redundaría en premios, acumulación de puntos o la derrota del enemigo.

No obstante, esas observaciones en la investigación realizada a fines de los años 90 sobre consumo de videojuegos en locales públicos en Buenos Aires (Cabello, 1999a), habíamos observado que los jugadores exhibían diferentes grados de percepción de las posibilidades interactivas que ofrecen los juegos. Todos coincidían en que los juegos electrónicos permiten cierta incidencia por parte del usuario respecto de lo que pueda suceder en la pantalla. Y esa condición aparecía como una ventaja competitiva en relación con otras pantallas que consumían durante el tiempo libre (televisión, cine, video). En ese caso señalábamos, coincidentemente con las declaraciones de los jugadores de juegos en red, que los entrevistados no parecían ser muy afectos al consumo de televisión. Aunque este medio aparecía mejor posicionado que el cine y el video. Los entrevistados describían al cine como un medio que obligaba a estar demasiado tiempo inactivos: quietos en la butaca y asumiendo un rol de espectar de un relato que "está todo hecho". El video game, en cambio, permite *hacer el juego*. En algunos casos con mayor participación que en otros, pero nunca imponiendo el límite de la programación como barrera tan sólida que impida vivenciar la propia actividad. Los juegos de deportes, por ejemplo, permiten elegir entre diferentes equipos o personajes, cambiar las características del equipo, elegir la estrategia de juego, la potencia del golpe a la pelota. Otro juego que aparece como participativo es el de investigación, porque el jugador se encuentra con situaciones diversas y de acuerdo con las elecciones realizadas se puede modificar el final del juego. En ese momento señalábamos también que los entrevistados eran personas que no manifestaban tener una afición por la informática, con la cual establecían una relación más instrumental que exploradora. Pero una vez identificadas las distintas variantes de los juegos, las preferencias se inclinaban siempre por los juegos que ofrecen más posibilidades de participación[54].

El equipo de investigación que dirige B. Gross Salvat, denominado Group F9, ha establecido que es posible diferenciar tres tipos de participación del usuario de las tecnologías informáticas. Un primer nivel, que el grupo denomina de Participación Selectiva es aquel en el cual la interacción consiste en seleccionar entre las opciones que ofrece el programa, como se da en el caso del cajero automático. Un segundo nivel, que involucra un grado mayor de participación, es el que el equipo llama Participación Transformativa, en el cual el usuario puede transformar los contenidos propuestos por el diseñador, como sucede, por ejemplo, al cambiar los

---

[54] "Entonces, el límite está allí. Pero si bien nadie puede modificar el programa del juego usando el joystick, pareciera que el límite quedara afuera del movimiento que produce placer, aquél en el cual jugador y programa se encuentran para *hacer ese juego*." (Cabello, 1999a: 57)

recursos de los personajes o los escenarios en los juegos. El tercer nivel, el de la Participación Constructiva es aquel en el que se puede incluso construir nuevas propuestas que no habían sido previstas, como elegir las acciones o la velocidad de proceso en un juego.

Los videojuegos, aún aquellos que los entrevistados asociaban con mayores niveles de participación, podrían comprenderse en los dos primeros tipos de la clasificación. El tercer tipo, en cambio, tal como explica Group F9, se refiere al tipo de participación que está muy presente en los juegos de rol en línea y los MUD[55]029 ya que, como el mismo grupo ha señalado, permiten la interacción en tiempo real entre varios usuarios a partir de acciones simuladas. (Group F9, 2004). En el caso de *Regnun on Une* –el primer juego *on line* desarrollado en Argentina– existe una multiplicidad de aspectos que debieron atenderse en el diseño del juego para que pudieran estar jugando hasta 1000 jugadores simultáneamente cada uno de los cuales, por su parte, con capacidad de caracterizar su *avatar* y proveerle los recursos que considere necesario para obtener mejores resultados y disfrutar más el juego. En el caso de los jugadores de juegos en red entrevistados se ha mencionado el juego denominado Ragnarok, respecto del cual se valoraba especialmente ese tipo de atributos. Ragnarok Online (RO) es uno de los juegos del tipo MMORPG (Massive Multiplayer Online Role Playing Games) con numerosos seguidores.

Los juegos de rol[56] multijugador masivo *on line* son videojuegos que permiten a miles de jugadores introducirse en un mundo virtual de forma simultánea a través de Internet e interactuar entre ellos. Puede tratarse de administrar una ciudad, un ejército para ganar en montones de batallas, o más comúnmente crear un personaje, del cual se puede elegir su raza, profesión, armas y otros aspectos, e ir aumentando niveles y experiencia en peleas contra otros personajes o PNJ (personajes no jugadores) o realizando diversas aventuras (o misiones) llamadas *quests* . Este género de RPG difiere de un RPG *on line* multijugador no masivo en que éstos últimos tienen un número limitado de jugadores, es decir, los MMOR-PGs están preparados y elaborados de tal manera que admiten cualquier

---

[55] Multi Users Domain, ya descriptos en el capítulo 1.

[56] El videojuego de rol, comúnmente conocido como RPG, es un tipo de videojuego que usa elementos del juego de rol tradicional. El videojuego de rol, como género de videojuegos, incluye una amplia variedad de sistemas y estilos de juego. Algunos elementos fuertemente asociados a los videojuegos de rol, como el desarrollo estadístico de personajes, han sido adaptados ampliamente a otros géneros de videojuegos.

número de jugadores simultáneos (aunque en la práctica viene limitado por la conexión del servidor).

En el caso de Ragnarok, su aceptación suele vincularse con su gráfica directamente tomada de una tira de cómic japonés. Este juego coreano es de acceso pago y consiste en crear un personaje que tiene que desarrollarse (subiendo de nivel) al pasar tiempo junto a otros usuarios, en un gigantesco mundo virtual.

Cuando se trata de redes locales o internas como las que se constituyen en salones como aquellos en lo que estuvimos trabajando para indagar sobre los consumos de juegos en red, también se verifican altos grados de participación por parte de los usuarios.

Si bien no podría incluirse del todo en ese tercer nivel de participación, el juego que se ha establecido mayoritariamente como favorito es el *Counter Strike*. Counter Strike (CS, el nombre significa "contraataque") es un videojuego de acción en primera persona o *FPS* (sigla del inglés "First Person Shooter"). Se concibió originalmente como un juego de tipo multijugador (ya sea en LAN[57]u *on line*[58]). En el juego se emulan situaciones de antiterrorismo, tales como desactivar o plantar una bomba, rescatar o proteger a rehenes, escoltar o asesinar a un VIP (personaje destacado), eliminar a los terroristas o a los antiterroristas, etc. El juego se disputa entre dos equipos, los antiterroristas y los terroristas. Los mapas, o tipos de juego más utilizados en servidores públicos son dos: en un caso los antiterroristas defienden y los terroristas atacan. Los antiterroristas deben escoltar al VIP al avión. El VIP no podrá comprar nada. Los terroristas deben matar al VIP antes de que sea escoltado en el avión. Los terroristas podrán comprar algunas armas. El VIP tiene 200 puntos de chaleco antibalas y es el más fuerte en el equipo antiterrorista a pesar de que sólo tiene una pistola USP-45 con 24 balas. Hay otro caso en que los antiterroristas

---

[57] LAN es la abreviatura de Local Area Network (Red de Área Local o simplemente Red Local). Una red local es la interconexión de varios ordenadores y periféricos. Su extensión está limitada físicamente a un edificio o a un entorno de unos pocos kilómetros. Su aplicación más extendida es la interconexión de ordenadores personales y estaciones de trabajo en oficinas, fábricas, etc.; para compartir recursos e intercambiar datos y aplicaciones. En definitiva, permite que dos o más máquinas se comuniquen. El término red local incluye tanto el hardware como el software necesario para la interconexión de los distintos dispositivos y el tratamiento de la información.

[58] En general, se dice que algo está en línea, on line u online si está conectado a una red o sistema mayor (que es, implícitamente, la *línea*). Existen algunos significados más específicos, por ejemplo, en lenguaje coloquial, la mayor red en cuestión es normalmente Internet, por lo que *"en línea"* describe información que es accesible a través de Internet.

defienden y los terroristas atacan. Es el tipo de mapa más utilizado en las competiciones. El mapa consiste en que los terroristas deben hacer estallar un objetivo; generalmente hay dos objetivos y se puede estallar el que se quiera. Hay otra posibilidad que es la que se propone cuando los terroristas defienden y los antiterroristas atacan. En estos mapas hay una serie de rehenes, de número variable según el mapa, y los antiterroristas deben liberarlos. Para liberarlos hay que llegar hasta ellos y volver al punto de control. Este punto de control suele ser donde empiezan la ronda los antiterroristas. La misión de los terroristas es evitarlo a toda costa. La serie también incluye el Counter Strike: Condition Zero (es una nueva versión de CS con gráficos mejorados, mapas retocados y añade dos modelos nuevos; además es el único juego de los tres CS que es para un Solo Jugador) y Counter Strike: Source (que se diferencia principalmente de sus antecesores por el hecho de que utiliza un nuevo motor de gráficos, conocido como Source, que es más potente y permite mejorar la calidad de gráficos y efectos).

Tres son las motivaciones que los entrevistados declaran que los llevan a preferir este juego: el hecho de que es el más jugado. Este factor está relacionado a su vez con otros dos: el hecho de que si lo eligen todos, es más factible conseguir compañeros de juego, sumarse a un juego. Y el hecho de que esos otros pueden erigirse en adversarios contra quienes competir.

Se trata de una motivación que expresa claramente una discontinuidad varias veces señalada a lo largo de este trabajo: mientras que los videojuegos tendían a convocar a jugadores solitarios que emprendían su combate contra la máquina, los juegos en red invitan a asociarse en el juego para competir contra terceros, a través de la máquina.

Por otro lado, habría que señalar que en algunas declaraciones ha salido un comentario sobre el gusto por "jugar a matar". Pero no solamente han sido aisladas, sino que tampoco encontraban demasiado sostén en otro tipo de afirmaciones o actitudes de los mismos entrevistados. No es el contenido del juego en donde ancla el interés, sino en la acción y en la complejidad de los recursos. El carácter competitivo del juego resulta altamente atractivo. Y al igual que en el caso de otros juegos de acción o de guerra, los entrevistados valoran especialmente el carácter dinámico del juego. Competencia y dinamismo son dos aspectos que están directamente vinculados con la interactividad, en el sentido en que es el propio jugador el que, participando, le imprime dinamismo al juego (eligiendo la velocidad, estableciendo el tipo de armas que se usan, por ejemplo) y establece el ritmo de la competencia de acuerdo con su habilidad para valerse de los recursos y anticipar los movimientos del adversario, en parte a partir del conocimiento del programa. El vínculo entonces entre jugador y juego (PC y programa) es el que se expresa en la interactividad y en el cual se apoya la interacción competitiva de los jugadores y la fruición del juego.

3

Sociabilidad Red en la periferia urbana

1. Sobre "juegos en red" y sociabilidad.

En otro trabajo (Cabello, 2007) desarrollamos un análisis del enfoque de G. Simmel sobre la *sociabilidad* y del modelo de la *acción dramatúrgica* de E. Goffman, poniendo ambos enfoques en relación de manera de manifestar una voluntad de abordar las relaciones que se plantean en ciertos ámbitos particulares, desde el punto de vista de la red de interacciones que allí se generan[59].

Desde esa perspectiva establecemos aquí nuestro interés por caracterizar las modalidades de *intercambios sociales* que se producen en torno del consumo de los *juegos en red* observando la dinámica que se configura en los locales públicos en donde se ofrece este tipo de juegos. En algún sentido podríamos retomar una idea que habíamos asumido en el investigación sobre consumo de videojuegos en locales públicos (Cabello, 2002 y 2004): la de trabajar tomando como referencia la noción de *territorio* (Guattari, 1995) concebida como un espacio vivido o un sistema percibido dentro del cual el sujeto "se siente en casa" o, podría decirse en un sentido figurado, "juega de local". Entonces, el territorio es sinónimo de apropiación, de subjetivación centrada sobre ella misma. En el caso de los videojuegos habíamos establecido en su oportunidad que el territorio se halla delimitado por los gestos, las prácticas y los discursos que caracterizan su consumo.

---

[59] En particular nos ha interesado recuperar la clásica perspectiva simmeliana sobre la sociabilidad, para lo cual hemos analizado las propuestas de *Sobre la individualidad y las formas sociales* y de *Cuestiones fundamentales de sociología*. En lo que respecta al enfoque de la acción dramatúrgica, hemos considerado como orientación principal la que Goffman desarrolla en *La presentación de la persona en la vida cotidiana*.

La propuesta de este capítulo consiste en analizar la dinámica que se produce en esos territorios que conforman los locales de juegos en red en el entendido de que se trata de realidades poco conocidas para quienes son ajenos a los mismos. Este ejercicio podría emparentarse con otros estudios sobre configuración de *tonos de época* que han observado la vida en bares o parques. Entre esa clase de trabajos podemos mencionar el que se ocupa de analizar las relaciones en los bares de Buenos Aires en la segunda mitad del siglo XIX y principios del XX (Gayol, 2000) o también el estudio que analiza las relaciones entre la sociabilidad y la política en las pulperías de Buenos Aires en la primera mitad del siglo XIX (González Bernaldo, 2003). En este último caso se enfoca lo que se denomina la *sociabilidad informal* entendida como relaciones de proximidad. La pulpería se concibe como un espacio de comercio de relaciones sociales que opera como lugar de comunicación en donde aprovisionarse de informaciones. Allí, el contenido de la información es tan importante como el placer de compartir una charla[60].

En lo que respecta a los *ciber* y otros locales del tipo de los que consideramos aquí, es preciso destacar que no buscamos explorar las formas de intercambio que se producen *a través de* los *juegos en red* en el sentido de enfocar la mediación tecnológica como estructurante de esas relaciones al estilo como se manifiestan, por ejemplo, en el *chat*, sino que tratamos de caracterizar los vínculos que se generan entre las personas cuando la tecnología aparece como motivación o como parte del entorno, entre otras posibilidades.

Las nociones de interacción, socialización y sociabilidad que se desarrollan en los universos teóricos que señalamos están en la base de la conformación de la mirada sobre esas relaciones que interesa analizar.

Con el objeto de recordar muy sintética y sistemáticamente los rasgos principales que se consideran de esas nociones se puede decir que

- La *socialización* se concibe como acción recíproca o interacción social y se considera además como puesta en escena tendiente a suscitar creencia, ya que comprende, siguiendo a Goffman, el interés de los partícipes por el control de la situación y la lectura que el público hace de la actuación. Se entiende también, con Simmel, que la *socialización* se trata de la unión de unos con otros en función de determinados intereses y que debe considerarse (si no de manera tan determinante como propone Simmel, sí en su complejidad) en su dimensión formal (diversos tipos de fenómenos conllevan *formas de socialización*).

---

[60] La autora se orienta por las definiciones trazadas por Cl. Leatham, (1990): "Conversation with friends and dynamic of social support", en A.Duck (comp.) *Personal relationship and social support*, Londres, Sage.

- La *sociabilidad* se considera en su acepción más estrictamente simmeliana como la versión lúdica de la socialización, como el "estar con otros porque sí", más allá de los contenidos y las motivaciones. En este tipo de relación no se pone en juego un interés, sino la búsqueda de la satisfacción momentánea del *impulso* de estar con otros[61]. Una de las características de la sociabilidad es que se suspenden todas las categorías personales y sociales de los que intervienen en ella. La interacción en general (Goffman) tiene un carácter asimétrico y al igual que la sociabilidad en particular (Simmel) se conciben como vínculos que se autorregulan y se apoyan en un consenso en relación con la definición de la situación. La sociabilidad se apoya en todo caso en el consenso sobre la propia sociabilidad, aunque esto implique la suspensión de las categorías personales, sociales y de otra índole.

2. Sobre "juegos en red" y sociabilidad en la periferia urbana

Ya dijimos que la encuesta realizada a jugadores de juegos en red estableció que el 71% de los jugadores juega habitualmente con otros y la conducta más usual es concurrir al locutorio o al *ciber* acompañado por personas que integran el grupo de amigos fuera del establecimiento. Asimismo la mayoría de los usuarios reconoce que por lo menos hay una persona integrante de su grupo de amistades con las que realiza otras actividades fuera del local.

Cuando se trataba de describir los hábitos de consumo en función de los discursos de los entrevistados enfocamos la opción por concurrir solo o acompañado a los locales. Aclaramos en esa oportunidad que esa indagación se instalaba como puerta de entrada al problema de la sociabilidad que se desarrollaría en este capítulo. En relación con este problema observábamos la escasa frecuencia con que los entrevistados privilegian la soledad en relación con la concurrencia a estos locales y el uso de los juegos. Cuando llegan solos, aclaran que se encuentran en el local con otros conocidos y en muchos casos considerados "amigos". Se suman entonces a los pequeños grupos que se van constituyendo a medida que llegan nuevos jugadores y se integran al juego. Puede darse el caso también, sobre todo en pequeños locales barriales, de que la casi totalidad de los presentes está jugando el mismo juego.

---

[61] M. Murmis y S. Feldman (2002) ven en este planteo una forma de contacto que representa algo similar a la "finalidad sin fin" de Kant, la cual deja de lado la organización orientada a la búsqueda de objetivos.

No obstante, la pauta predominante es llegar al local acompañado, en algunos casos por amigos o compañeros de colegio, en otros casos por familiares (sobre todo primos y sobrinos) que pueden incluso ser de menor edad. De todos modos cabe mencionar que los entrevistados señalan recurrentemente que no se trata de grandes grupos, los cuales sólo se forman ocasionalmente y en general dentro del mismo local, sino de grupos pequeños o medianos.

2.1. Jugar CON Y CONTRA otros

Entre todos los aspectos que hemos observado en esta investigación hay uno que destaca por el carácter contundente cómo logra construir una posición predominante, independientemente de las edades y de las zonas en donde se realice la práctica de videojugar en red (aunque no por cierto independientemente del sexo de los entrevistados). Se trata de la opción por JUGAR CON AMIGOS. La misma posición se identifica cuando se trata de establecer el adversario preferido por los entrevistados.

Efectivamente, los jugadores varones, desde los más chicos hasta los de mayor edad, que juegan tanto en los locales céntricos como en los de los barrios (y podría decirse que estos últimos con más énfasis) declaran que prefieren jugar con sus amigos. En general se trata de amigos del barrio o aquellos que conforman lo que se reconoce como "el grupo de amigos". Pero también puede darse el caso de jugar con conocidos que se hayan entablado en el local mismo, por el hábito de encontrarse allí, de pertenecer al mismo ámbito de encuentro. Habitualmente lo que prevalece es la preferencia por situaciones distendidas apoyadas en la confianza entre los jugadores, que permita crear un clima que favorezca la posibilidad de disfrutar el juego. Esto no significa desactivar el carácter competitivo del mismo, sino situar la competencia en un terreno amistoso en el cual, por un lado el conocimiento del otro permite anticipar jugadas o armar estrategias compartidas según los estilos de juego y los aportes de cada uno y, por el otro, el hecho de ganar o perder se pueda convertir en ocasión para continuar con la actitud lúdica más allá del propio juego (jugar mientras se juega, reír por haber perdido, poder cargar a los rivales derrotados).

> "(...) con mis amigos me gusta mucho más. Te divertís. Además, si vamos a jugar, estamos todos juntos en un lugar, cosa que no sólo podemos hablar en el juego, sino que nos podemos reír de alguna anécdota. Por ejemplo, uno está jugando y otro le tira un vaso de Coca al otro, se moja todo y nos reímos. No, no, nos divertimos bastante." (Martín)

"Uno ya los conoce. Ya sabe más o menos cómo juegan. Uno va y tiene que jugar contra un montón de gente más que no conoce. Uno se pone a pensar ¿quién será este que me está ganando?, ¿cómo juega tal? Y no lo conocés. Entonces por ahí es mejor con conocidos. Ya les ves el nick y sabés quién es. Uno tiene más ganas de ganarle a uno que conoce."(Maximiliano) .

"(...) acá venimos un grupito. Ponele, somos ocho. No siempre estamos todos, pero jugamos entre nosotros. En las máquinas vos podés jugar en red contra todos los que están jugando y así jugamos contra otros."(Jorge)

La posibilidad que brinda la confianza de poder "cargar" a los amigos derrotados en el juego es una motivación que aparece recurrentemente en el discurso de los entrevistados y que instala una modalidad particular de dar continuidad a la actividad lúdica, vinculada con la posibilidad de asumir una posición de superioridad respecto del propio amigo.

"Con mis amigos porque, por ejemplo, peleo contra ellos y nos podemos cargar entre nosotros. Y después con chicos que conozco de ahí de los juegos en red (...) contra mis amigos, porque sé que nos cargamos entre ellos. Encima es como todo un reto porque no soy un experto, entonces ganarle a mis compañeros que son mucho mejor que yo." (Agustín)

"Jugar entre amigos. Porque uno juega ahí y se quiere mostrar que uno es el mejor, porque uno juega ahí y lo demuestra. Así cuando hay muchos." (Ale)

Hemos identificado también una posición diferente de aquella que privilegia compartir el juego con amigos: la que sostienen los entrevistados que prefieren jugar con desconocidos o con otros que, si bien son conocidos por frecuentar el mismo local, no se los considera amigos ya que no pertenecen al entorno más cercano con el cual en muchos casos se llega al local luego de haber hecho un plan previo.

Uno de los factores que puede incidir en este tipo de posición es la cuestión del "nivel de juego". Hay algunos jugadores que sostienen que es preferible jugar con quienes tienen determinado "level", refiriéndose en la mayoría de los casos al mismo nivel que consideran que ellos mismos han alcanzado. Esta diferenciación surge especialmente cuando los entrevistados se refieren a sus preferencias en materia de contrincantes. Si el nivel es inferior, el juego es menos desafiante y, por tanto más aburrido. Si el nivel es mucho mayor, el jugador corre el riesgo de quedar rápidamente fuera del juego y no disfruta tanto.

"A veces con los desconocidos; depende del jugador con el que tengo
más 'level'; voy con mis amigos y con los demás cuando necesitan un
manguito que curan voy con otros (...) Los curás cuando están matando
bichos, le sacan energía y vos los curás y me gusta ayudarlas y así me
hago amigos." (Alan)

"Y, con los que sean obviamente del mismo nivel o más que yo. De
más nivel me dan más ganas, porque están diciendo 'así está mal como
lo estás haciendo'." (Gonzalo)

Otro aspecto que puede estar presente en la construcción de esta
posición es el que se relaciona no específicamente con el nivel de competitividad, pero sí con la cuestión de la competencia: ampliar el campo de
posibilidades para competir incluyendo a una mayor cantidad y variedad
de contrincantes.

"Me gusta jugar entre...no con amigos. Sí, voy con amigos, pero me
gusta jugar entre todos. Porque esa es la gracia del juego: demostrar quién
es el mejor entre una cierta cantidad de personas. La onda es jugarlo entre
todos. Por ejemplo, hay 40 máquinas en un cíber y querés que jueguen
las 40. No es que estás con tu grupo apartado y jugando entre 3. A mí
no me gusta eso. A mis amigos tampoco. Nos gusta generalmente jugar
entre todos. Cualquiera que no conocés y te prendés igual y jugás con
ellos. Jugar entre todos. Competir entre todos, más que todo. Porque
no sé, como que demostrás superioridad, o te gusta jugarlo y ves quién
es el mejor así. Eso es lo que es más del juego. Es competencia más que
todo." (Marcos)

La referencia a la cuestión de género ha aparecido únicamente en el
discurso de las mujeres entrevistadas (aunque refiriendo a sexos más
que a géneros), que obligadas a competir contra hombres, encuentran el
incentivo de ganarles y demostrar así superioridad en un juego que está
casi legitimado como perteneciente al universo masculino:

"Y siempre contra los varones juego, porque ahí no hay casi mujeres.
Más que a la noche ya no hay nenas. Porque me gusta ganarles. Porque
se ponen locos, se ponen rabiosos cuando pierden ellos." (Marianela)

"Es una miga en particular y me gusta jugar contra él porque juega
muy bien y me gusta intentar ganarle. Hay competencia entre sexos ahí.
Prefiero jugar un buen partido difícil aunque pierda." (Abigail)

De todos modos, ya se trate de una postura u otra queda claramente
establecido que a los jugadores de juegos en red les gusta jugar con y contra
otros. El combate a solas contra la máquina es algo ajeno a la práctica de

juegos en red, en la cual el objeto de la competencia no es el dispositivo técnico sino los otros jugadores, tal como aparece incluso de manera espontánea en el discurso de unos entrevistados.

> "No es muy divertido estar jugando contra la máquina." (Rodrigo)
> "Uno sabe que está jugando contra una computadora que por ahí no sabe qué está pensando. La gracia de los juegos en red es ver a las personas." (Maximiliano)

2.2. Relaciones interpersonales y juegos en red

Uno de los aspectos que indagamos es el que se vincula con el tipo de relaciones que se establecen a partir de la práctica de juegos en red. Con la intención de ofrecer un espacio para que el tema se desarrollara de la manera más espontánea posible, no establecimos *a priori* una diferenciación entre vínculos o relaciones que se entablan *a través* de los juegos, en el caso de los juegos en línea, de aquellos que se construyen *en torno* a los juegos que se juegan en los salones. De hecho ya dijimos que el consumo de juegos en línea es muy acotado a unos pocos casos mientras que los juegos que se consumen más son aquellos (sobre todo el Counter Strike) que se juegan en redes locales en el interior del propio salón. Y es en relación con este tipo de juegos que se construyen distintos tipos de vínculos, según puede apreciarse en el discurso de los entrevistados.

Por un lado están quienes afirman que en el *ciber* han conocido mucha gente. La asiduidad con la que se concurre a esos locales y la importante cantidad de tiempo que se permanece en ellos, hace que las personas se reconozcan entre sí generando diversos grados de conocimiento: hay quienes se conocen las caras; quienes han intercambiado conversaciones; quienes han compartido juegos; quienes se conocen incluso pudiendo asociar un nick name (nombre de fantasía que se usa para jugar) con un rostro. En este caso el factor que asume más peso parece ser el de PERTENENCIA al lugar (habitualmente llamado por los jugadores, *ciber,* independientemente de la denominación oficial del local según su rubro). Algunos entrevistados se refieren a este tipo de relaciones como CONOCIDOS.

> "No son amigos, pero son conocidos de ahí. Afuera nada. Yo voy ahí y le digo... aparte en el local uno a veces en vez de decir el nombre en realidad dice el nombre del jugador. Uno se llama 'Shadow'. Dice 'Hola, Shadow, cómo andás?'" (Ale)

> "Amigos, no. Pero viste, te ponés a charlar así sobre el juego, sobre información sobre el juego; te empezás a hablar con el chabón del ciber; empezás a hablar y día a día te vas infamando. Pero amigos, amigos, así no me hice. Quizás porque yo voy con mis amigos y nunca voy solo. Capaz que cuando uno va solo va más predispuesto a una charla más, una mejor charla." (Christian)

> "Una relación de que ya los saludás, de que ya sabés quién es y quién es adentro del juego. Porque por ahí hay juegos de rol y vos cumplís el rol de un determinado personaje y en la red, en el mismo juego, hay muchos personajes distintos y vos ya sabés que un determinado personaje es una determinada persona y bueno, competís contra él a veces. (…) Solamente ahí adentro y de pasada, de vista. Pero por ahí a veces los cruzás y los ves en algún lugar, te conocen y te saludan, pero más que eso no." (Andrés)

Podríamos decir, a juzgar por nuestras aproximaciones, que lo que define a este tipo de vínculo, el que se establece entre CONOCIDOS, es la sensación de compartir la pertenencia a un ámbito particular (sobre todo en el caso de los locales barriales) o, al menos, identificar al *ciber* como un lugar de referencia. Además se trata de relaciones que en general no trascienden ese ámbito y quedan entonces circunscriptas a los encuentro ocasionales que allí puedan darse.

Por otro lado, identificamos también otro tipo de relaciones referidas en la mayoría de los casos en el discurso de adolescentes y jóvenes de hasta 20 años y con relativa mayor presencia en los locales céntricos que en los barriales. En varias oportunidades, esas relaciones se definen como amistades. Los AMIGOS serían aquellas personas que se han conocido dentro del local, generalmente en relación con los juegos en red, pero con los cuales se ha afianzado un vínculo que –si bien no se plantea espontáneamente como apoyado en cuestiones de índole personal– puede trascender los límites mismos del local. En este caso el factor que predomina no sería solamente el de pertenencia, sino que se suma el de AFINIDAD. Las personas se sienten cercanas porque, a partir de compartir un gusto común por la práctica de juegos en red, descubren que pueden compartir también otros gustos y entonces coordinan planes de acción, organizan salidas y otras actividades fuera de los locales y no siempre relacionadas con los propios juegos.

> "Un montón de amigos conocí acá. Nos reunimos fuera del local para ir a bailar, para salir a caminar. El ciber es un lugar en donde encontramos. A veces tomamos una coca acá." (Rodrigo)

"Hemos conocido a gente. Yo, por ejemplo, con los chicos del ciber digo: nos juntamos a tal hora a jugar en el ciber y vienen todos los chicos que jugamos y me he juntado también con gente que no era del ciber, sino que se dio por casualidad que era de capital y, ¡ah!, ¿sos de capital? Bueno, nos juntamos tal día a jugar y nos juntamos (...) lo que tenemos en común. La mayoría eso o porque lo que buscamos en el juego no es sólo jugar por jugar, sino buscar gente copada para salir. A veces nos juntamos, vamos a un pub, a ver una película, a bailar. Nos juntamos como si fuésemos amigos un poco más viejos." (Martín)

Finalmente están aquellos entrevistados que claramente niegan haber establecido relaciones que puedan considerarse en alguno de los dos tipos señalados anteriormente: conocidos o amigos. Se trata de una posición que refuerza la idea de que la concurrencia al *ciber* y la práctica de juegos en red es una opción compartida por los amigos, aquellos que se cultivan en otros ámbitos (principalmente el barrio y la escuela) y que eligen para divertirse, jugar juntos en esos lugares.

"Vengo con mis amigos de antes. A mis amigos los conocí en otros lados pero no en el ciber." (Ignacio)

"No, vos los conocés por el nick y después lo personal quedó ahí. Jugaste con él y después te fuiste y no lo viste más. Lo podés volver a cruzar, lo vas a conocer por el mismo nick, pero si se cambia el nick, no es el mismo, sino que es como los demás." (Iván)

3. Algunas ideas sobre Sociabilidad Red

3.1. El *ciberterritorio*.

Tanto los testimonios recogidos a través de la encuesta y de las entrevistas en profundidad como los registros realizados a través de la implementación de la técnica de observación en los locales, nos permiten ratificar la presunción de que es posible caracterizar a los espacios en donde se juega juegos en red como *territorios* en el sentido en que presentamos la noción en el inicio de este capítulo. Sintetizamos a continuación algunos de los rasgos que definen a esos territorios.

Topología

En principio podemos señalar que se trata de territorios con fronteras bien definidas. En algunos casos incluso el acceso a los mismos requiere que el encargado se ocupe personalmente de abrir la puerta, aunque en la mayoría de los locales de juegos en red y *cibers* el acceso es directo. Cuando se trata de locutorios, puede suceder que el ámbito dedicado a los juegos en red se encuentre diferenciado dentro del local.

Hemos identificado un conjunto de rasgos que define a los locales en donde se ofrece el servicio de juegos en red. Un rasgo que suele darse con frecuencia y oficia como límite del territorio es la vidriera oscura, en ocasiones directamente pintada de negro, que caracteriza a este tipo de locales al punto de llegar a funcionar como signo identificatorio de los mismos. Ese tipo de vidriera impide tener una vista hacia adentro desde el exterior y marca el inicio de una pauta que se continuará en el interior del local: la penumbra. Efectivamente, muchos de estos locales, sobre todo los que no son locutorios, suelen privilegiar la luz muy baja, casi siempre apoyada en la propia luminosidad que emana de los monitores de las computadoras. Se trata entonces de espacios que están organizados entorno de los cubículos en los que se instalan las máquinas, en ocasiones formando corredores o bien configurando una especie de perímetro tecnológico que circunscribe un espacio central en el cual circular. Pero en todos los casos con una luminosidad muy tenue que se consigue incluso (sobre todo en los locales pequeños) cubriendo o pintando las ventanas para evitar la entrada de luz natural.

No hemos observado, por otra parte, que los locales compartan otros rasgos estéticos particulares. Hemos prestado atención, por ejemplo, a la inclusión de carteles, afiches u otros agregados en las paredes, en el entendido de que suelen ser detalles que colaboran con la construcción de la identidad estética de los sitios de esparcimiento. Sin embargo, en términos generales podríamos afirmar, por un lado, que la inclusión de este tipo de recurso no parece ser la pauta predominante en los *ciber* y locales de juegos en red y, por otro lado, que cuando se recurre a este tipo de materiales no se lo hace con una finalidad estética, sino funcional. Se da el caso de que aparecen afiches grandes promocionando el lugar, informando los servicios que brinda, los precios y promociones; puede haber carteles reglamentarios: AFIP, servicios especiales, aviso de fumigación; carteles que expresan normativas propias de cada local en particular (por ejemplo: sólo se permiten dos personas por máquina). En la mayoría de los locales observados hay carteles pequeños con iconos que señalan los baños y los cubículos en los cuales están instaladas las computadoras están numerados. En algunos casos en la fachada de los locales se incluye un listado de los juegos que se ofrecen pero no hay en general carteles o afiches que se refieran específicamente a los juegos y tampoco se observa presencia de imágenes visuales u otro tipo de recursos estéticos en particular. Solamente en un local que se dedica a venta y reparación de computadoras y periféricos se exhibe un afiche promocionando un microprocesador Intel; además hay cajas de insumos que publicitan estos productos y diferentes afiches de máquinas y juegos. Los afiches contienen imágenes futuristas Ciberpunk y Ciborg.

Intercambios y rol del lenguaje

Un rasgo que sí podría decirse que caracteriza a este tipo de territorios es el volumen alto. En ocasiones se usa como fondo sonoro cierta música que los encargados definen como *tecno* o electrónica, que se reproduce a volúmenes muy altos, lo cual obliga a elevar a su vez el tono de voz de los jugadores. A esto se suma la variedad de sonidos de los propios juegos que se escucha en primer plano. En algunos casos se ha observado que son los jugadores más jóvenes quienes hablan en un tono más fuerte, actuando incluso por momentos impulsivamente o con actitudes arrebatadas que incluyen gritos en función de la situación del juego.

Esto se produce en el contexto de una intensa actividad de interacción entre los asistentes al local. Tanto las chicas como los muchachos más jóvenes conversan entre ellos, se dan ánimos o se desafían. Los que no juegan, dan recomendaciones (habitualmente usando frases cortas o de una sola palabra: seguílo, pasálo, agarrálo). Los jugadores se encuentran frente a sus máquinas y están operando/haciendo el juego, pero al mismo tiempo se miran entre ellos y hablan entre sí con frecuencia, se ríen de los obstáculos que van encontrando. No dejan de conversar y en muchos casos es posible afirmar que juegan más entre ellos que a través del dispositivo técnico; que muchos jóvenes jugadores priorizan su relación interpersonal sobre la que tienen con la máquina la cual se entabla casi como si fuera un accesorio del juego. O mejor: el juego mismo resulta de la combinación entre el propio juego electrónico y los intercambios que se generan entre los jugadores y observadores de esos juegos.

Entre las cosas que se dicen están presentes los insultos, las palabras de aliento mutuo, las indicaciones o prescripciones sobre cómo actuar en el juego. Los jugadores emplean expresiones despectivas propias de la jerga juvenil, en general en voz alta: "qué pelotudo que soy, no lo vi", "qué hijo de puta que sos", "qué jugador", "soy un capo". Se trata siempre de comentarios acerca de las jugadas, que dependen de la acción realizada por ellos o por los contrarios en el juego. También se elogian a sí mismos y a los compañeros y, en ocasiones, esos comentarios van acompañados de aplausos. Así como los insultos, destacan las expresiones de alegría a través de la risa y las carcajadas o los gritos de festejo (que conviven con los de bronca de aquellos que están perdiendo).

Algunos de las enunciados que se profieren más frecuentemente parecen oficiar como visagras que quiebran la frontera del juego y de la máquina e instalan la situación de persecución o de confrontación propia del relato interactivo que estén siguiendo, en el mismo salón: "dale, boludo, cubrime", "me mataron, boludo" "te quedaste sin tiempo", "¡tomá! , te re maté", "¿a quién le di en la cabeza?", "a mí, sos un capo", "apurate que te mata", "me están matando", "¡rompele la cabeza!", "Uh, te hizo mierda"; "sos re PT". Esos enunciados se apoyan en modalizaciones y tonos que permiten anclar el sentido en una determinada dirección: por ejemplo si matan a alguien las expresiones son de alegría y gozo, y si alguien los mata las expresiones son de pena y frustración; también se registra ansiedad, preocupación y expectativa.

Además de este tipo de enunciados y modalizaciones que se vinculan con la práctica de los juegos, pero que en muchos casos podrían identificarse también en relación con otros juegos y prácticas propios de los adolescentes, se identifica una serie de expresiones que están exclusivamente conectadas con el universo de los juegos en red. Por ejemplo, se llama PT al jugador que juega mal al Counter Strike; PRO a aquél que juega bien al Counter Strike; Pro. PT al jugador que juega más o menos bien al Counter Strike, mientras que quien juega perfectamente al Counter Strike se llama Pro. Nex. A pesar de que estas expresiones se han originado en relación con ese juego en particular, su uso se ha generalizado haciéndose extensivo a otros. También se ha identificado que se le llama "catrero" a aquél que se esconde, no avanza y mata desde esa posición de escondite.

Por otra parte, algunos entrevistados relatan que hay otro tipo de expresiones que no refieren específicamente a los juegos, sino a los jugadores. Por ejemplo, en algunos locales, a los chicos que no saben jugar se les llama "newbi" o "copete". También llama la atención, ya se ha dicho, el hecho de que los jugadores se llaman entre sí por sus apodos y en varios casos por el nick que es el nombre con que se registran en el juego (por ejemplo, a un chico lo apodaban "Cuasi" y, en un momento lo llamaban "cuervocuasi 72").

Como puede observarse, hemos reconocido algunos usos del lenguaje que se manifiestan en una serie de variantes (enunciados y expresiones en general, modalizaciones, tonos, volúmenes) que admiten la pregunta sobre la posible conformación de configuraciones típicas[62]. Siguiendo a Halliday, es posible reconstruir la naturaleza de la actividad social en la que el lenguaje juega un rol. El autor enfoca esta dimensión como "contexto de situación" al que llama CAMPO (Halliday y Hasan, 1985) que se refiere a la naturaleza de la acción social que tiene lugar. En el caso de quienes se encuentran en los locales de juegos en red, el evento en el que están involucrados y en el que el lenguaje aparece como componente esencial es el del propio juego entendido como el juego electrónico más las conversaciones (intercambios, interacciones) en torno del mismo. Hay diferentes dimensiones en las cuales el campo se pone de manifiesto (Eggins, 1994). En este sentido referiremos en el próximo capítulo la idea de que la actividad de jugar juegos en red requiere un conocimiento especializado (sobre el dispositivos técnico máquina-programa-prácticas) (Cabello. 2007) y ya hemos descripto en párrafos anteriores que se formula también cierta terminología específica.

Otra de las variables que Halliday considera respecto del contexto de situación es la que denomina TENOR, que apunta a las relaciones de rol que hay entre los participantes, tanto las establecidas por la participación en el diálogo como todas las relaciones socialmente significativas en las que intervienen. En el caso de los locales de juegos en red se establecen relaciones de competencia, en donde unos jugadores intentan demostrar su superioridad respecto de otros. Esta superioridad repercute directamente sobre la relación de fuerzas en el juego electrónico, pero su

---

[62] Un concepto que está muy instalado en el uso corriente es el de *argot*. En general se usa refiriendo al lenguaje específico utilizado por un grupo de individuos que comparten unas características comunes por su categoría social, profesión, procedencia, o aficiones. El argot abarca todo tipo de palabras y frases y el subgrupo social o cultural que lo crea suele estar socialmente integrado. No obstante resulta interesante recurrir a algunos de los aportes de la lingüística sistémico-funcional para orientar las reflexiones sobre este tema. Uno de los conceptos que ha desarrollado esta corriente es el de *dialecto social*. Explica M.K. Halliday (1982) que un dialecto social es una configuración de rasgos fonéticos, fonológicos, gramaticales y lexicológicos que está asociada a un grupo social definible de manera más o menos objetiva y que funciona como símbolo suyo. Pero hay otro concepto que da cuenta de la relación entre el lenguaje y el contexto, de fundamental importancia en esta perspectiva, que es le de *registro*. En rigor, Halliday utiliza el término "registro" para referirse al efecto del contexto sobre el lenguaje. Ya en los años de 1990, Martin (1991 y 1992) complementó el análisis de estas dimensiones considerando las variables contextuales de campo, tenor y modo como sistemas semióticos en sí mismos, que son realizados por el lenguaje (semiótica connotativa). Según Christie y Unsworth (2000), el autor utiliza "registro" en lugar de "contexto de situación" para enfatizar una mirada discursiva del contexto, más que la lectura materialista a la que el término invita.

expresión no necesariamente se apoya en relaciones desiguales –desde el punto de vista del poder– en la interacción (este tema se retomará más adelante). Los jugadores se dirigen unos a otros muy informalmente, designándose mutuamente por sus primeros nombres, por apodos o por nicks, en el mejor de los casos. Cuando no, lo hacen a través de insultos aunque en general el sentido más literal o inmediato asociado con los mismos queda desactivado en el uso y vinculado mejor con significaciones más denominativas propias de la jerga juvenil. Este tipo de intercambios se apoya claramente en relaciones de confianza ya que cuando los jugadores no se conocen entre sí la intensidad de los mismos disminuye sustantivamente.

Finalmente, Halliday señala una tercera variable componente del contexto de situación: el MODO. Este componente refiere a qué parte juega el lenguaje, qué esperan los participantes que el lenguaje haga para ellos en tal situación. En los locales de juegos en red se presentan intercambios multimodales ya que, por un lado, los juegos electrónicos combinan imágenes con sonidos y movimientos para componer sus narraciones. Por otro lado y complementariamente, los intercambios en torno a los juegos son orales, corresponden al lenguaje hablado, de interacción cara a cara (o voz a voz si la mirada está centrada en la pantalla), con retroalimentación (*feedback*) inmediata. El tema se constituye a partir del aporte que realizan los propios juegos en red (su dinámica, su terminología, sus narraciones) junto con el que proviene de otros campos de construcción de sentidos propios de las culturas juveniles en general, y de los sectores sociales en cuestión, en particular. En el caso de la dinámica de interacciones que se produce en el salón de juegos en red y cuya nota distintiva pasa por EL JUEGO, el lenguaje es constitutivo de la actividad social más que auxiliar de la misma.

Hemos intentado hasta aquí describir el *registro* de los intercambios que se producen en los locales de juegos en red. El registro describe el *contexto de situación* inmediato en el que se producen estos intercambios. A partir de esta descripción es posible generar algunas hipótesis sobre el propósito principal o función de la interacción, lo cual desde la perspectiva que se está tomando aquí como orientación principal, significa abordar la cuestión del *género* al que pertenecerían dichos intercambios. Según Martin (1985), los géneros son la manera de hacer las cosas cuando el lenguaje es usado para ello[63]. Explica S. Eggins (1994) que género y registro pertenecen a dos niveles diferentes de abstracción. Género, o contexto de cultura, puede ser visto como más abstracto y pensado como un marco general que da propósito a interacciones de tipos particulares que son adaptables a muchos contextos de situación en los que son usadas. Si se toma por caso el local de juegos en red, puede decirse que el género pone de manifiesto la manera como se alcanza el objetivo de jugar (en el sentido amplio en el que se está considerando aquí) y de entretenerse, lo cual puede observarse (con algunas adaptaciones) en cibercafés, en locales específicos de juegos en red o en los rincones destinados a estas prácticas en los locutorios. De este modo, se estaría señalando otro rasgo constitutivo de los territorios que se están analizando.

Se trata entonces de un territorio que funciona como lugar de encuentro en el cual los juegos en red convocan y ofician como atractivo y excusa principal. En los locales céntricos la clientela es más diversificada e incluye adolescentes y jóvenes que están de paso (clientes ocasionales). Pero hemos explicado también en el capítulo 2 que identificamos una pauta de estabilidad en cuanto a la selección y permanencia en los locales, de modo que suele darse el caso, especialmente en los locales barriales, que muchos "parroquianos" se conocen entre sí. Por otra parte el local de juegos en red es asimismo un espacio a partir del cual se tejen vínculos de sociabilidad que suponen la existencia de comportamientos codificados de alta densidad ritual (relacionados específicamente con la práctica de los juegos) que trazan fronteras simbólicas (González Bernaldo, 2003; Mandich, 1998[64]) entre los integrantes de ese grupo de referencia y los otros, que, sin embargo, no alcanzan a encerrar a los sujetos en una especie de identidad compartida lo suficientemente rígida como para inhibir otras estrategias individuales u otras pertenencias. Hemos apelado a lo largo de este parágrafo al concepto de *género* para explicar cómo se concibe al juego mismo en este territorio (en donde el lenguaje juega un rol fundamental) y cómo se alcanza el objetivo de jugar.

---

[63] Anteriormente había presentado una definición más técnica: "un género.es una actividad dividida en pasos o etapas, orientada a una meta, con un propósito definido, en el que los hablantes se relacionan como miembros de nuestra cultura" (1984:25). Citado por Eggins, S. (1994) y en 2006 afirmaba que un género es "una configuración particular de las variables de campo, tenor y modo, que son independientes".

[64] Mandich, Giuliana (1998): "Practiques de sociabilité et tissage du réseau. Léxample de Cagliari." En Gribaudi, M. (comp.) *Espaces, temporalités, statifications. Exercices sur les réseallx sociaux*, París, EHESS, pp.209-233, citado por González Bernaldo (2003).

3.2. Otros aspectos vinculados con la sociabilidad en torno de los juegos en red

Sobre *papeles* e *interacciones*

Si consideramos el análisis precedente, podríamos decir que en estos locales analizados JUGAR EN RED implica conformar redes a través de la tecnología (*el juego de las redes*), es decir, aquellas que se construyen adentro o hacia fuera del local y que permiten que el juego en cuestión, el Counter Strike o cualquier otro, pueda llevarse a cabo. En este caso los participantes se relacionan unos con otros formando equipos para competir o se relacionan unos contra otros (en equipos o de manera individual) compitiendo para ganar el juego que ellos operan de manera interactiva. Interacción a través de la interactividad.

Pero también podría decirse que JUGAR EN RED implica, complementariamente, conformar redes en torno a la tecnología (*las redes del juego*), es decir, aquellas que se construyen dentro de los límites del territorio pero fuera de las máquinas y que consisten en un conjunto de intercambios y de conversaciones que se establecen para divertirse con otros, muchas veces a partir de oponerse explícitamente a otros. Interacción a través de la interacción misma.

Ya adelantamos que el combate a solas contra la máquina, característico de la práctica de videojuegos clásicos, parece haber quedado atrás. Los análisis de los años 90 enmarcaban esa actitud en el contexto de una vida cotidiana y de unos comportamientos caracterizados por el ensimismamiento, el individualismo y la espectacularidad propios de lo que se describió como cultura posmoderna. Refiriéndose a los videojugadores de los locales públicos, Sarlo (1994) observaba la presencia de una subcultura cuyos miembros valoran el hecho de ganarle a la máquina, ganarle a algo realmente diferente y obtener a cambio una recompensa simbólica. Decía: "(...) cada jugador está aislado para definir su destino en un combate singular contra la máquina y es a la máquina, y no a los otros, a quien le demuestra su destreza, su impavidez, su picardía, su arrojo, su velocidad." (Sarlo, 1994: 49). Más tarde (Cabello, 2002) incluimos en el análisis otra dimensión que si bien desde otra óptica, continuaba incorporando elementos relacionados con el tono de época. Por un lado, la idea de que el jugador no solamente buscaba ganarle a la máquina, sino que procuraba superarse a sí mismo, dando muestras de estar en consonancia con los valores relativos a la inversión en el *self* (Lipovetsky, 1986). Por el otro, identificamos un tipo de posición que se asumía de manera recurrente a partir de la cual el jugador sí buscaba exhibirse ante otros: demostrarle su destreza a quienes rodeaban la máquina para mirar mientras se desarrollaba el juego individual. "Si las personas se agrupan en torno a la máquina, hacen las veces de público de ese juego que, entonces, se torna espectáculo, y el despliegue del jugador se modifica porque de algún modo, la presencia de ese público se hace sentir. (...) se trata de jugar para otros (...) el videojugador practica (...) para poder luego mostrarse en público con mayor soltura y ofrecer a sus pares un espectáculo digno de reconocimiento." (Cabello, 2002: 135). Aún así, aún reconociendo el modo como gravita la presencia de los otros, no se trataba de un juego contra otros ni con otros, sino del solitario jugador contra la máquina ya favor de sí mismo.

En cambio, ya hemos establecido la diferencia con los juegos en red que consisten en jugar con otros y contra otros y en donde el dispositivo técnico ya no ocupa el lugar del contrincante, sino que resulta alternativamente una excusa, un medio, un recurso, un componente que entra en juego en la actividad lúdica compartida.

Al analizar las relaciones de competencia que se establecen en el interior del local, Rodríguez Silva (2005) sostiene que el juego se vive como competencia y la rivalidad como oposición, confrontación y disputa de habilidades y desempeños. El jugador y su equipo quieren ganar, dice, aunque sólo obtengan una recompensa moral relacionada con la superación de la dificultad, con una mejora individual que le permita vencer a rivales cada vez más complicados. Desde el punto de vista de este análisis, la competencia involucra dos aspectos de superación: vencer a un rival (que en muchos casos es también un amigo fuera del juego), y mejorar individualmente. Como en el caso de los deportes, dice la autora, se trata de lograr la satisfacción del desempeño propio, el reconocerse mejorado[65].

Sin embargo, a partir del desarrollo que hemos estado planteando a lo largo de este capítulo, podría sumarse a estas consideraciones otro elemento que parece estar muy presente en la dinámica de interacción que se genera en estos locales (o al menos constituye una de las posiciones que se construyen al analizar los discursos de los entrevistados y los registros de observaciones realizadas). Se trata una vez más de la <u>exhibición de la superioridad</u>. El jugador busca permanentemente demostrar sus destrezas

---

[65] Estas observaciones refieren a las prácticas de consumo de juegos en red en locales públicos del Partido de San Miguel y se realizaron en el marco de la investigación realizada en la UNOS "TIC en el ámbito del entretenimiento. Los usos de los juegos en red", dirección: Roxana Cabello.

y su condición de ganador, ya no sólo al "público" que observa como en el caso de los videojuegos, sino a sus contrincantes y compañeros de juego (que constituyen un público más partícipe). La destreza y la superioridad producen satisfacción personal, sí, pero también se legitiman a través del reconocimiento de los demás. La posición que el jugador alcanza en el juego le permite desequilibrar las simetrías en la interacción. En términos generales en el interior de estos locales los contactos se realizan entre iguales o semejantes: son mayoritariamente hombres, pertenecen a grupos de edad parejos, se definen por preferencias por esa salida y el juego; las variaciones de nivel socioeconómico y cultural se manejan dentro de ciertos rangos que no admiten gran dispersión (sobre todo en los locales barriales). Los unos sienten que son parecidos a los otros. En cierto sentido podría estar operando aquí la suspensión de las categorías personales y sociales que Simmel atribuye a la sociabilidad. Se retomará este tema más adelante. En principio podría establecerse que en el juego como sociabilidad se construye un *como si* de igualdad o al menos, de semejanza. El parecido en algunos casos y el conocimiento previo del otro, en otros casos, son factores que influyen en el hecho de que los compañeros de juego o los contrincantes devienen confiables[66] y sobre la confianza se monta el desequilibrio. Porque la confianza permite la desinhibición para señalarle al otro, a través del juego y el humor, su lugar de inferioridad y simultáneamente expresar la autoestima. Y aunque se trata de un desequilibrio que se "absorbe" rápidamente, que forma parte de la propia dinámica del juego, resulta muy significativo para los jugadores. Tanto para quienes admiten disfrutarlo como para quienes, diferenciando el "placer del juego" del "placer de la competencia", prefieren tomar distancia de la medición respecto del otro (rechazan de hecho la posibilidad de participar en el desequilibrio).

Estas observaciones dejan traslucir la orientación general que referíamos en el inicio de este capítulo. Los jugadores desempeñan *papeles* en todo momento. En relación con la acción que proponen los juegos en red, lo hacen de manera más explícita en los juegos de rol pero también en tipos de juegos como el Counter Strike en donde, por obra de la interactividad, actúan toda vez que son actuados por el juego de acción en primera persona. Pero, por otra parte, también desempeñan el papel de jugadores en

---

[66] La relación entre la igualdad/semejanza y la confiabilidad fue desarrollada por M. Svampa (2002) al estudiar la sociabilidad en el interior de los countries y barrios privados durante los años de 1990.

el propio salón, fuera del programa. A través de ese desempeño se pone de manifiesto el interés de los partícipes por el control de la situación y trata de orientarse la lectura que el público hace de la actuación (que reconozca la "superioridad"). La puesta en escena de ese papel involucra (en casos como los que describíamos en el párrafo anterior) el despliegue de un conjunto acotado de recursos. Dado que el jugador se encuentra en general jugando y por tanto operando la computadora, haciendo un uso bastante limitado del cuerpo y centrando su mirada en la pantalla, la comunicación oral se constituye en el recurso fundamental para autoescenificarse como jugador. Las interacciones se apoyan así en una dinámica que combina tanto el intercambio y la producción de significados conjuntamente con los otros (el equipo, el grupo adversario, los amigos, los conocidos) como los despliegues individuales que dan cuenta del modo como el jugador "saca provecho" de la actividad lúdica disfrutando no solamente el juego en red, sino la situación social en la cual puede apuntalarse en sus condiciones de (joven) jugador.

De alguna manera, las interacciones manifiestan el carácter asimétrico que Goffman les atribuye, pero se conciben como vínculos que se autorregulan y se apoyan en un consenso en relación con la definición de la situación: el juego como competencia cuyos resultados (y también las posiciones que se asumen alternativamente en el proceso del juego) repercuten en la relación de fuerzas y en la distribución de los status dentro del local. También es cierto, por un lado, que esas distribuciones no son estáticas, sino que se modifican permanentemente al ritmo de la aceleración de los propios juegos y, por otro lado, que existen jugadores que aún reconociendo ese tipo de definición del juego, eligen mantenerse al margen (no competir).

Otros aspectos de la *sociabilidad* y la *socialización*

Los territorios en donde se juega juegos en red constituyen, como dijimos, espacios en donde se manifiesta una sociabilidad intensa si se atiende a las relaciones y contactos que allí se establecen[67]. S. Feldman y M. Murmis (2002) han presentado el concepto de *contextos de sociabilidad* como formaciones que se caracterizan por la prevalencia de una cierta

---

[67] La sociabilidad es entendida como lazos, relaciones personales y marcos relacionales en González Bombal (2002), como relaciones e integración de grupos en Kessler (2002), como relaciones de proximidad (González Bernardo, 2003) y como contactos que expresan un determinado tipo de socialización en Svampa (2002).

forma e historia de sociabilidad. Desde esa perspectiva, dicen los autores que hay contextos que pueden denominarse "fríos" en términos de sociabilidad, como el que puede darse en un barrio urbano con poca vida organizativa y sin tradiciones de coparticipación. Aunque la noción no parece referirse a territorios más acotados (tanto desde el punto de vista físico como de la actividad) como estos en donde se juega juegos en red, podría decirse –haciendo un uso flexible de la idea– que estos territorios pueden ser caracterizados como de sociabilidad *caliente*.

Por un lado, se ha comprobado que estos territorios funcionan como lugares de encuentro y de entretenimiento a los cuales los jugadores prefieren concurrir con sus amigos. De manera más o menos planificada; con arreglo previo fuera del lugar o estableciendo una "cita" los amigos concurren al lugar del que se apropian porque se sienten cómodos y en donde el juego puede llegar a funcionar como excusa para el encuentro y la diversión con otros estableciendo así otra forma de apropiarse de la tecnología, no tan centrada en el dispositivo mismo, sino en función de la relación que se establece con los demás.

Por otro lado, los jugadores entablan relaciones en el propio local y producen nuevos amigos y/o nuevos conocidos. Una vez más la noción de *territorio* está involucrada en la definición y expresión de esos tipos de vínculos que allí se construyen. La frontera del territorio opera como demarcación en torno de la cual se construye la sensación de pertenencia y/o referencia, que es, tal como se ha visto en parágrafos anteriores, la que comparten los *conocidos*. Y, al mismo tiempo, es la línea que se trasciende cuando los vínculos son más fuertes porque se apoyan en la afinidad entre las personas y entonces se definen como de *amistad*.

En el apartado anterior analizamos la cuestión de la preferencia por jugar con y contra otros. Ya explicamos que la modalidad de juegos en línea, es decir la que permite asociarse y confrontar a otras personas que pueden estar situadas en diferentes lugares afuera del local incluyendo cualquier rincón del mundo, es la menos difundida en Argentina en general debido a los altos costos que implica. Esto se manifiesta con más fuerza en los locales públicos en donde aún no se ha contratado el servidor correspondiente que habilite el servicio. Tal vez sea ése el motivo principal por el cual los jugadores tienden a establecer redes dentro del territorio, dentro de los límites del local. Pero es posible que esté operando también otro factor, que se ha puesto de manifiesto al menos en el discurso de algunos entrevistados, y es el hecho de *extender el juego al territorio*. Es decir, muchos jugadores disfrutan más (sobre todo en los locales barriales) cuando la mayor cantidad de asistentes al local está participando en el mismo juego. Les gusta el clima que se crea porque el juego se potencia a través de las máquinas y en torno de ellas: se agrandan los equipos, se consolidan las confrontaciones, se genera una vía libre para los intercambios.

Si se consideran los distintos aspectos que se han presentado a lo largo de este capítulo, se pone en evidencia el modo como la noción de *sociabilidad* en su estado más ideal –si se quiere– queda desbordada como categoría que permita dar cuenta de la dinámica de intercambios que se produce en este tipo de territorios. Paradójicamente, aún cuando esa dinámica se ha analizado como actividad lúdica y como juego que se compone del juego en red más los intercambios que se producen en torno a los mismos, no se trata únicamente de sociabilidad entendida como versión lúdica de la socialización. Ciertamente puede observarse un componente del orden del "estar con otros porque sí" y cabe la pregunta respecto de si se manifiesta más allá de los contenidos y las motivaciones. A diferencia del videojugador solitario, el jugador de juegos en red en los contextos analizados, prefiere estar con amigos y valora, sobre todo si es adolescente, la posibilidad de conocer gente y de ser conocido por otros. En un marco global en el cual el desarrollo de las telecomunicaciones ha abierto las puertas a nuevas posibilidades de conexión entre las personas, más allá de las fronteras territoriales, estos jugadores se presentan como seres menos ensimismados que aquellos de fines de los 80 y de la década de 1990. De hecho, desarrollan muchas prácticas de comunicación mediada por tecnologías ya que muchos de ellos son usuarios de telefonía celular y de *chat*. Les gusta estar en contacto con otros, en este caso no únicamente a través de la tecnología, sino en torno de ella y tomando al territorio (el local) como referencia principal. Y a juzgar por lo que se ha observado y por los testimonios que se han recogido, es probable que la dinámica de intercambios que se produce en el local se apoye en el consenso sobre la propia sociabilidad, aunque esto implique (como se dijo) la suspensión de las categorías personales, sociales y de otra índole

Sin embargo, no podría decirse que se trate de una búsqueda de satisfacción momentánea del *impulso* de estar con otros en la cual no se ponga en juego un interés. Por el contrario, el aspecto básico de la relación consiste en la unión de unos con otros en función de determinados intereses.

Cuando analizamos la relación que los entrevistados establecen con el tiempo libre dijimos que el tiempo libre se experimenta *como si fuera* tiempo propio en el cual los sujetos adquieren, transmiten e intercambian experiencias, disfrutan de aquello que les causa placer. A partir del análisis establecimos que esa relación se traduce principalmente en dos aspectos: por un lado la asociación fuerte con la idea de *entretenimiento* y, por otro lado, el énfasis en la opción por *estar con el otro*.

A esta altura es posible afirmar que ambos aspectos están mutuamente implicados y que su relación deriva en una idea más compleja de entretenimiento, que no se resume en el consumo de un producto cultural ni tampoco en la actitud de "estar con el otro porque sí". Los adolescentes y jóvenes que concurren a este tipo de locales se asocian con otros, antes o durante esa concurrencia, con el interés de entretenerse. Y esta idea de entretenimiento está indisolublemente ligada a la de *juego* que, como se dijo, consiste en relacionarse con otros para pasarla bien haciendo uso de un dispositivo técnico (el de los juegos en red). Esto no implica perder de vista el valor que asume el juego en red, porque es ese dispositivo el que convoca y ofrece una plataforma a partir de la cual se construye un entretenimiento participativo, competitivo y sociable.

Se ponen de manifiesto entonces otros intereses, más directamente visibles, que están vinculados con el juego y sobre todo con su dimensión de competencia: la conformación de equipos para enfrentarse entre sí; la asociación con otros a través de relaciones de aprendizaje y de enseñanza.

Si en la pulpería de principios del siglo XIX el contenido de la información era tan importante como el placer de compartir una charla, en muchos locales de juegos en red el conjunto de intercambios entre los participantes es un complemento fundamental del desarrollo del juego y su resultado y es componente del entretenimiento placentero y de la diversión.

4

Enredados en el Entorno
Tecnocultural

En el momento en que realizamos esta investigación observamos que encontrarse en el *ciber* a jugar juegos en red, chatear, bajar música o películas eran prácticas dispuestas a estabilizarse ya sea como tales o como punto de partida sobre las cuales habrán de construirse otras. Entre otros factores, este hecho se debe a que los jóvenes se desenvuelven en un *entorno tecnocultural* que se presenta como un vector que se retroalimenta permanentemente, ya que constituye uno de los principales pilares de la economía globalizada.

1. ¿De qué hablamos cuando decimos *entorno tecnocultural?*

El *entorno* de un sistema puede entenderse como aquella parte del universo que está en comunicación con el sistema, pero que no es parte del mismo sino que constituye su ambiente, su contexto. Los diccionarios lo definen como lo que rodea; como territorio o conjunto de lugares que rodean a otro.

Un concepto que está muy extendido en relación con los usos de las tecnologías y medios informáticos es el de *entorno tecnológico*. Por un lado el concepto se vincula con la innovación: se refiere al análisis del entorno y cómo se utiliza éste para proporcionar oportunidades de transferencia de tecnología. En una dirección similar se asocia también con la disposición de tecnología sofisticada para aplicar a diferentes realidades como puede ser la de las empresas y otras organizaciones[68].

---

[68] En oposición a este tipo de conceptualizaciones de carácter amplio que permite pensar en procesos y en influencias recíprocas, dentro del campo más específico de la informática se puede identificar también la idea de *entorno de escritorio* (en inglés, *Desktop Environment*) que responde a definiciones más instrumentales, vinculadas con la relación hombre máquina. Se entiende como un conjunto de software para ofrecer al usuario de un ordenador

Pero cuando hablamos de *entorno tecnocultural*, proponemos una idea que se configura capitalizando aportes de distintas reflexiones sobre los cambios que se producen en la cultura y en la vida cotidiana a partir de la expansión de las tecnologías de la información y de la comunicación. La mayoría de esas reflexiones comenzaron a proliferar desde la segunda mitad de la década de 1980 y primera de la de 1990, cuando las sociedades denominadas "avanzadas" asistían a un proceso creciente de penetración de estas tecnologías y la instrumentación de Internet. En general suele ocurrir que en nuestras sociedades periféricas, en especial en Argentina, ese proceso se verifica en la segunda mitad de esa misma década: 1995 es el año que se reconoce como el del lanzamiento de Internet en Argentina.

Sin embargo para pensar y analizar esos procesos, podríamos reconocer en principio (aunque no por cierto de manera excluyente ni unívoca) una línea de interpretación cuyo origen podría situarse en los años de 1950[69], cuando el economista canadiense Harold Adams Innis desarrollaba sus hipótesis (que se conocerían más tarde como "realismo tecnológico") respecto de la relación existente entre tecnología de la comunicación y concentraciones de poder[70]. Interesado por las interacciones entre tecnología de la comunicación y sociedad comunicante, indagaba los aspectos relacionados con el dominio, incluyendo la génesis de la tecnología y sus funciones comerciales. De modo que sostenía que no es posible pensar en la neutralidad de las tecnologías. A partir de ese recorrido Innis establecía

---

un ambiente amigable y cómodo; una solución completa de interfaz gráfica de usuario. Un entorno de escritorio provee al usuario de iconos, barras de herramientas, aplicaciones e integración entre aplicaciones con habilidades como *arrastrar y soltar* que hacen a un manejo más amigable del sistema operativo. En general, cada entorno de escritorio se distingue por su aspecto y comportamiento particulares, aunque algunos tienden a imitar características de escritorios ya existentes.

[69] Las decisiones vinculadas con la reconstrucción de líneas de interpretación se relacionan con diferentes aspectos, entre los que cuentan los ejes sobre los cuales se pretende edificar las caracterizaciones en cuestión. Por ejemplo, interesado por la noción de *tecnocultura digital* D. Levis (1999:67) sostiene que fue Wiener, quien, junto a los matemáticos Alan Turing (1912-1954) y John Von Neumann (1903-1957), ayudó a establecer durante las décadas de 1940 y 1950 los fundamentos teóricos a partir de los cuales se desarrolló la informática, sembró los gérmenes de una nueva ideología en la cual el valor central es la comunicación, entendida ésta como el núcleo alrededor del cual se construye la organización social. La cibernética imagina el nacimiento de una nueva sociedad en la que la información y las máquinas que sirven para tratarla, jugarán un rol nuevo y benefactor."

[70] Véase, por ejemplo, *Empire and Communications* (Toronto 1950) y *The Bias of Communications* (Toronto, 1951).

que la comunicación tecnológicamente mediada tiene un efecto propio, con independencia de sus contenidos.

Esta concepción fue retornada y desarrollada por uno de los discípulos de Innis, Marshall McLuhan. Efectivamente, McLuhan (1996) logró instalar la idea de que "el medio es el mensaje" a partir de la convicción de que cada medio de comunicación que aparece reestructura el campo cultural y de medios previo porque cada tecnología *va creando un ambiente humano totalmente nuevo* (entendiendo al ambiente no como envoltura pasiva, sino como procesos activos). De este modo podría ordenarse la historia de la humanidad en diferentes períodos evolutivos, en función del tipo de ambiente tecnológico que se constituye en cada caso. Este ambiente que conforma la tecnología mediática da forma y regula las formas de asociación y de acción humana. Pero no porque los contenidos que transmite puedan impactar produciendo determinadas opiniones o conceptos por parte de las personas, sino porque el hecho de vivir, formarse, interactuar en este ambiente hace que cambien las proporciones de los sentidos o las pautas de percepción, dice McLuhan: "De modo continuo y sin resistencia alguna[71]". Según el autor, cuyas posiciones han sido ordenadas bajo la denominación de "determinismo tecnológico", las sociedades han sido moldeadas más por la índole de los medios con que se comunican los hombres que por el contenido mismo de la comunicación. De allí que finalmente, en 1967, haya cambiado la expresión "el medio es el mensaje" por otra: *el medio es el masaje* y que sostenga la imposibilidad de comprender los cambios sociales sin conocer el funcionamiento de los medios.

---

[71] Mientras que para Innis era posible pensar en un contramodelo a lo que denominaba "comunicación mecanizada", refiriéndose a la comunicación directa, el diálogo igualitario entre las personas en el espacio pequeño y sin la presión del tiempo; para McLuhan las tecnologías gobiernan fatalmente el destino de la humanidad, construyen la cultura, la conciencia y hasta la sensibilidad individual, pero ante ellas no hay posibilidad de réplica ni de respuesta, "sólo cabe desconectar la electricidad...". El autor reserva para el arte y los artistas la posibilidad de construcción de una fisura a través de su capacidad de anticipación de los cambios por venir, vinculados con otras tecnologías. En la medida en que las tecnologías van creando nuevos ambientes, los hombres han identificado a las artes como antiambientes que proporcionan los medios para percibir el ambiente en sí, para percibir las consecuencias psíquicas y sociales de la tecnología. El arte como antiambiente va siendo cada vez más, según McLuhan, un medio para adiestrar la percepción y el juicio. Considerado como un adiestramiento radar, la producción artística asume la función de adiestramiento perceptivo para poder visual izar la imagen social dinámica y cambiante y poder preparamos para avanzar aun en medio de innovaciones abruptas.

Podría decirse que esta perspectiva se inició con la publicación de *La Galaxia Gutemberg* en 1962[72], en donde el autor analiza y describe de qué modo se fue configurando lo que denomina la "era mecánica" a partir del desarrollo e influencia de la tecnología de la imprenta de tipos móviles. La era mecánica se manifiesta en áreas tan disímiles como la filosofía, el arte, el tipo de producción de la cadena de montaje, las escrituras jerárquicas de las organizaciones o la estética. La nota distintiva es que las relaciones espaciales y temporales se conforman a partir del predominio de lo visual y esto hace posible el sentido mecánico de las relaciones causales. Y esto no solamente por la forma de concebir el espacio y el tiempo que propone la imprenta[73], sino que su carácter mecánico se vincula con el hecho de que la imprenta es un recurso repetidor.

Esta tecnología creó la primera mercancía uniforme repetible, el libro, que posibilitó la lectura a solas, privada. Para McLuhan el hombre tipográfico es el hombre especializado, que mantiene, a partir de un punto de vista fijo, una relación homogénea con los objetos y el mundo, y al mismo tiempo fragmentaria. En cambio, el medio o el proceso predominante en el tiempo que McLuhan llegó a analizar, que es la tecnología electrónica, promueve y estimula la unificación y el envolvimiento.

El controvertido escritor canadiense no tuvo la oportunidad de caracterizar las implicancias del desarrollo y expansión de los medios informáticos. Sin embargo, su idea de *ambiente* construido en relación con las tecnologías de la comunicación ha estado presente en muchos de los análisis que se han realizado en décadas posteriores, incluyendo los trabajos de los años de 1990 a los que aludíamos en el inicio de este capítulo. Se trata de una presencia que ha sido directa o indirecta, manifestando continuidad teórica o distanciamiento crítico, pero siempre sostenida hasta la actualidad.

---

[72] En su publicación original, la obra lleva el subtítulo "La creación del hombre tipográfico".

[73] Cuando la tecnología de la escritura comenzó a interiorizarse, dice McLuhan, tendió a generar la preponderancia de un sentido único, el de la vista, traduciendo todos los sentidos al lenguaje del espacio continuo y el tiempo unificado. Con la imprenta terminó de redondearse una nueva manera de experimentar la realidad a partir de esas orientaciones. Esa concepción se apoya en el hecho de que el alfabeto es una estructura de fragmentos y partes sin valor semántico propio que debe relacionarse en un orden determinado, es decir, uniformemente, con continuidad y siempre ligados unos a otros. Entonces con la tecnología de la imprenta determinando la experiencia, la línea, el continuo, se convirtió en el principio organizador de la vida.

En 1993 y para referirse a las transformaciones que se producen con el desarrollo y expansión de los medios informáticos, Fausto Colombo presentó la idea de comunicación sintética:

> "(...) es el cauce social en el que los nuevos medios contribuyen a formar un entorno cultural dentro del cual ellos mismos se ponen posteriormente en circulación, sufriendo una continua modificación no sólo tecnológica." (Colombo, 1995: 246)

La herencia del análisis mcluhiano está implícita en diferentes aspectos en este modo de comprender los cambios culturales. Colombo parte del análisis de la configuración que adoptan los nuevos medios y propone aplicar la noción de *metamedium* al ordenador como *medium* comunicativo. Sostiene que esa noción describe la capacidad del medio informático de extenderse a otros instrumentos tecnológicos al tiempo que da cuenta de la "posición privilegiada" que ofrece a ese medio la posibilidad de poner de manifiesto elementos que caracterizan a los demás medios. Dice Colombo:

> "En el fondo, se plantea la cuestión del *medium* en cuanto tal: es decir, si un medio de comunicación puede ser pensado sólo como lenguaje, o si la ya adquirida función ambiental de los *media* puede ofrecer contribuciones Útiles para la determinación del estatuto de la comunicación tecnológica." (Colombo, 1995: 242)

Reconocida entonces la noción de *ambiente,* se reforzaba con la convicción de que las nuevas tecnologías de la comunicación constituyen un reticulado al cual Colombo se propone estudiar intentando comprender, por un lado, el efecto de la informatización, y por otro, la matriz de las transformaciones del universo de los medios. Estaba interesado en la interacción del medio informático con los *media* de comunicación, ya que veía en esa interacción la causa del proceso de auténtica transformación del mundo de la comunicación tecnológica. Buscaba reflexionar sobre el estatuto propiamente comunicativo del medio informático como máquina de cálculo programable e interfaseable con un usuario. Su interés se relacionaba con la concepción de que estas tecnologías producen un "impacto ambiental" que se manifiesta en una diferente manera de estructurarse respecto de las vivencias humanas y de estructurar nuevas condiciones de experiencia.

Aquello que Colombo denomina *metamedium* o *metaentorno*[74] tiene la capacidad de modificar las condiciones de vida y de conocimiento con su disponibilidad para "contaminar" los demás medios, e instalándose el medio informático como aquél que desarrolla un papel de motor informativo esencial e indispensable. Este cambio supone que no sólo las tecnologías, también las mismas técnicas son alteradas. Piénsese en la escritura, dice el autor, para quien la difusión del ordenador como *medium* ambiental comporta sustanciales modificaciones en la noción misma de *medium* y en la de ambiente.

Es así como considera que la idea de *comunicación sintética* le permite trascender los límites del medio mismo y dar cuenta de las transformaciones que se producen como consecuencia de su desarrollo: los nuevos medios trabajan dentro de un paradigma que impone la velocidad como valor. La aceleración de los procesos comunicativos determina un "sentimiento de la interacción" distinto, y "presumiblemente puede alterar acciones y pasiones como el viaje, la expedición de un mensaje, la lejanía y la nostalgia". Por otro lado, según Colombo la idea de comunicación sintética expresa la complejidad del término "sintético" como "artificial", porque desde un cierto punto de vista refiere a la simulación de una situación natural (la independencia de lugares tecnológicamente destinados a la interacción comunicativa), y desde el otro amplía las posibilidades de la interacción humana, multiplicando sus disponibilidades. En este contexto la noción de comunidad y de grupo tiende a modificarse en tomo de las coordenadas espaciotemporales. Finalmente, el autor establece que la propia identidad social se ve afectada por el fenómeno de la comunicación sintética ya que esa identidad es construida por la comunicación (la comunidad comunicante es justamente la que actualmente se sitúa en el interior del mismo flujo de la comunicación tecnológica), y por otro la identidad construye a la comunicación (porque la participación en el flujo

[74] En términos de Colombo (1995: 245): "(...) la noción de *metamedium* se aplica al ordenador exactamente en el sentido de una superación real de los medios tradicionales, o sea de una manifestación definitiva de algunos sentidos latentes que las tecnologías más tradicionales ya llevaban consigo.

Entre novedad y manifestación de lo antiguo, el primer *metamedium* entra en una dimensión totalmente paradójica, por lo cual deja de existir como objeto propio, y permanece solamente como esperanto tecnológico: así el ordenador está hoya la vez por doquier y en ninguna parte, porque se manifiesta de modo privilegiado en cualquier tecnología. La noción de metaentorno es, pues, quizás aquella que más le conviene, porque pone en evidencia el papel de la experiencia tecnológica contemporánea como experiencia de lenguaje, de representación y de comunicación, pero sobre todo de vida, de conocimiento y de emoción."

es posible por el conocimiento y por la introyección de normas que son justamente específicas de la comunicación y que regulan sus relaciones con el "resto de la vida").

Otro autor cuyos análisis involucran cierta no declarada herencia mcluhiana es Paul Virilio. En trabajos como *La máquina de visión* (1989) O *El arte del motor* (1996) además de un número importante de artículos y, más tarde, *La bomba informática* (1998), se ha dedicado a analizar el desarrollo y expansión de la tecnología digital y sus implicancias.

Desde una perspectiva muy crítica ha llamado la atención sobre los riesgos que conllevaría la consolidación creciente de aquello que .a fines del siglo XX consideraba un microsistema interactivo cuyo funcionamiento condiciona el modo como se experimenta el tiempo y el espacio y las modalidades que asumen tanto los esquemas de percepción como la interacción y el control social. Podríamos señalar que dos de sus principales ejes de análisis serían, por un lado el que se ocupa del impacto de la intervención de las tecnologías digitales en el espacio y en el tiempo como coordenadas ordenadoras de lo real y en los esquemas de percepción; y, por el otro, el que incorpora el problema del poder apuntando especialmente a la producción de nuevas modalidades de *control* de y por la información.

Su enfoque se centra en la cuestión de la *velocidad*. Su perspectiva central es la dromología (la ciencia o la lógica de la velocidad) porque considera que ofrece una clave para comprender el mundo contemporáneo. De allí su interés por diferentes objetos en donde se manifiesta el fenómeno de la aceleración. Virilio había identificado cuatro tipos de *velocidad*[75] la velocidad metabólica del cuerpo, la velocidad tecnológica, la velocidad de los motores y la velocidad audiovisual. El estado actual de la tecnología digital posibilita una serie de fenómenos que resultan en la conformación de lo que Virilio denomina un *tiempo mundial*. Por un lado, la velocidad, la instantaneidad, la ubicuidad que se expresa en el *live*, genera un efecto de inmediatez que permite compartir experiencias en tiempo real independientemente de las distancias. Otro de los aspectos involucrados

---

[75] A la velocidad metabólica del cuerpo, las emociones y los reflejos se la denomina también velocidad animal; la velocidad de los motores es la que se vincula con el automóvil y que viene a reemplazar las formas de transporte animal. Finalmente, el último vehículo, el vehículo audiovisual es el que posibilita una progresiva modificación del intervalo de tiempo y la primacía del punto de llegada. La era del tiempo intensivo ya no es la del medio de transporte físico, sino que conduce a la coincidencia de la línea de llegada con la de partida. Es la primacía del tiempo sobre el espacio (Virilio, 1990).

es el que el autor denomina *"día falso*, producto de la iluminación de las telecomunicaciones (...que) inaugura un tiempo nuevo: el tiempo mundial en el que la simultaneidad de las acciones pronto debería primar sobre su carácter sucesivo". De lo que habla entonces es de la aparición de "un *tempo* técnico que domina ya la importancia propiamente histórica del *tiempo local* de las sociedades, de los países (...)".

Esta caracterización sobre la conformación de un *tiempo mundial* tiene importantes implicancias sobre el modo en que se concibe la historia, porque parecería que la producción de acontecimientos históricos dejase de anclar en cada aquí y ahora de la interacción, dejase incluso de evocar las largas duraciones de las formaciones sociales territorial izadas. En este sentido la hipótesis de Virilio es que la historicidad se retrae doblegada por ese *tempo* técnico que se convierte en una especie de "presente continuo", un centro omnipresente que controla la totalidad de la vida de las sociedades avanzadas.

Otro tanto sucede con el impacto tecnológico en la vivencia del espacio. A la lista de condicionamientos mencionada con anterioridad como factores de modificación de la experiencia del tiempo, debe sumarse al menos otro factor: el desarrollo de una óptica global. La construcción del espacio de las redes multimediáticas exige una nueva óptica, una *óptica global* que el autor denomina *óptica transhorizonte* y que sería el lugar de toda virtualización (estratégica, económica, política).

De este modo, el lugar se convierte en territorio virtual, sin fronteras, sostenido en un entramado de redes multimediáticas, favorecido por la interactividad cibernética y favorecedor de un nuevo tipo de proximidad, de "teleproximidad social", que renueva totalmente no solamente la experiencia de las distancias sino las relaciones más inmediatas como la de vecinazgo o la unidad de tiempo y de lugar en la cohabitación física[76].

---

[76] Casi diez años antes, en *La máquina de visión*, Virilio había afirmado que la frecuencia tiempo de la luz se ha convertido en un factor determinante de la percepción de los fenómenos en detrimento de la frecuencia espacio de la materia. En esa oportunidad, su reflexión estaba directamente vinculada con la relación existente entre la función sensible (vista-mirada) y la posibilidad-/xperiencia del tiempo. Esta relación se toparía con una limitación que la tecnología habría de superar a través del desarrollo de la máquina de visión, una máquina que constituye la automatización de la percepción y que supera los límites de la percepción humana instalando una visión sin mirada. En este punto introducía .la idea de la producción de un desdoblamiento del punto de vista, una división de la percepción del entorno entre el sujeto vivo y la máquina de visión.
Hipótesis que retorna en *La bomba informática* enfatizando la relación existente entre los cambios que se producen en la percepción a partir de la influencia del avance tecnológico

El concepto de *óptica global* asume un lugar central de la propuesta y, como se había referido, modifica la experiencia del tiempo y del espacio; impacta sobre los esquemas de percepción y favorece la conformación de "una visión PANÓPTICA indispensable para la localización del 'mercado de lo visible'". En lo que respecta a la percepción, Virilio anuncia la contaminación de la ecología de lo sensible a partir de la primacía de la *verosimilitud numérica*. Esta primacía, que daría por tierra con la semejanza analógica de lo cercano, de lo comparable, aparecería como resultado de la confluencia entre la digitalización de las informaciones audiovisuales, táctiles y olfativas, por un lado, y la desaparición de las sensaciones inmediatas por el otro.

En 1989 Alain Renaud presentaba una propuesta centrada en el análisis de la imagen digital y las consecuencias o alcance de su desarrollo y expansión. Apoyado en la noción de *avance tecnológico* aborda el tema de las nuevas tecnologías de la imagen no como agregado de nuevas máquinas sino como concentrado de potencia fundacional de un nuevo régimen, como profundo efecto desestabilizador y generador de mutaciones socioculturales.

La perspectiva del autor recupera de alguna manera ciertos elementos de la *arqueología* de M. Foucault, entre los que cuentan las nociones de *visibilidad* y de *régimen*[77]. Renaud busca comprender la imagen digital desde el punto de vista de la *visibilidad cultural*, como elemento de peso en la configuración de condiciones materiales, semánticas y estéticas "en las que y por las cuales lo social (se) da a ver". La revolución de las imágenes no sólo como revolución o avance tecnológico, sino "como extensión de un régimen y

y el desarrollo de modalidades cada vez más abarcativas de control. El estado de expansión que han alcanzado las tecnologías informáticas posibilita la iluminación de todas las facetas del mundo y da lugar a una multiplicación de los puntos de vista.

[77] Podría decirse que la obra de M. Foucault ha girado principalmente en torno a la construcción de una *arqueología del saber* y de una *genealogía del poder*. Arqueología del poder en tanto que intento de reconstrucción de las formas de ver y de pensar en un momento histórico-cultural dado, así como sus condiciones históricas de posibilidad, mediante el análisis de documentos como restos arqueológicos. Según esta aproximación cada formación histórica implica una distribución de lo visible y de lo enunciable que se produce en ella. Esta distribución varía en cada estrato porque la visibilidad cambia de modo y los enunciados cambian de régimen. Es decir que se produce tanto una percepción histórica o sensibilidad como un régimen discursivo. En este sentido el *saber* se define por esas combinaciones de lo visible y lo enunciable específicas de cada estrato. Se trata entonces de desentrañar las líneas de enunciación y las líneas de visibilidad de un estrato determinado, entendiendo a las visibilidades como formas de luminosidad que permiten hacer visibles las evidencias propias de cada estrato.

de registros inéditos de visibilidad sobre la base de los cuales generar (y/o degenerar) una nueva figura, tecnológica, de lo imaginario".

La tecnología informática aparece así generando, al estilo de McLuhan, un nuevo ambiente humano, "una poderosa 'palanca cultural' capaz de reorganizar toda la topología social, material y semántica, que desde la edad clásica regula y reproduce históricamente la distribución del sentido y de las funciones de las palabras, de las imágenes y de las cosas (...)". Podríamos sugerir, siguiendo a R. Thorn, que Renaud imagina que la tecnología –como elemento intrasistema– opera produciendo una serie de inestabilidades que modifican, desplazan, reestructuran el conjunto de los gestos culturales, producen mutaciones a nivel del imaginario.

Los procesos de construcción de la subjetividad se ven afectados por estos cambios, ya que se producen en un régimen de visibilidad diferente. Se produce los que el autor denomina el Sujeto-Plural-Terminal, ligado a los interfaces y a la pantalla terminal.

Perspectivas como las que hemos presentado brevemente hasta aquí dan cuenta de diferentes ensayos que realizan los autores para intentar contemplar la complejidad de los cambios culturales a los que asisten y ante la cual el enfoque del "determinismo tecnológico" *per se* se demuestra limitado como recurso explicativo.

Un concepto que se ha propuesto más recientemente para abordar la presencia de las tecnologías informáticas y sus implicancias es el de *dispositivo*. En una de las vertientes de su concepción, la noción se relaciona con el universo foucaultiano referido en párrafos anteriores y por eso se toma la decisión de incluir alguna consideración sobre este concepto a esta altura del presente texto (aunque esto imponga retomar luego una línea que permita presentar perspectivas que se desarrollaron con anterioridad o simultáneamente).

Explica G. Aprea (2005) que el concepto de *dispositivo* resulta pertinente tanto por su capacidad para dar cuenta de situaciones que involucran las relaciones sociales y los productos de diferentes tecnologías como para avanzar en el análisis de fenómenos complejos, con diversos niveles de interpretación y en los que los receptores y los usuarios ocupan un lugar clave.

El concepto de *dispositivo* adquiere un relieve teórico a partir de los trabajos de M. Foucault. Pero Aprea señala que la misma noción es utilizada dentro del marco de diferentes disciplinas en forma más o menos contemporánea a los escritos de Foucault. Autores como Jean Louis Baudry, Christian Metz o Jacques Aumont (Traversa, 1998) se valen de la noción de dispositivo para trabajar sobre diversas manifestaciones del lenguaje cinematográfico. Es una noción que les permite pensar problemas del cine y de los medios de comunicación en general a los que enfocan como la articulación de una determinada técnica (registro de imágenes y sonido, imágenes en movimiento, proyección en una pantalla para el caso del cine) y ciertas prácticas sociales que (consumo en una sala, narración de historias, pago de entradas, etc.).

La idea de *dispositivo* puede entenderse como *construcción* que ilumina el campo visible y decible en un momento dado en una sociedad (Deleuze, 1990). Se trata de un concepto que media entre formas que estructuran órdenes con un cierto grado de homogeneidad y un fluir generalizado de ensambles complejos. Según Aprea, puede pensarse a este concepto como categoría útil para analizar procesos de intercambio social en los que se definen situaciones complejas mediadas por instancias tecnológicas. Dice que este tipo de conceptos hace posible un análisis que integre elementos heterogéneos tanto de tipo simbólico como técnico, que trabajan sobre materialidades diferentes y muchas veces presentan características contradictorias entre sí.

Nos interesa especialmente destacar la síntesis que realiza Aprea cuando dice: "Como señalan Hugues Peters y Phillippe Charlier (Peters y Charlier, 1999) en relación con el concepto de *dispositivo*, los dispositivos modernos apoyados y sostenidos por las tecnologías de la información y comunicación integran elementos de carácter simbólico (discursivo) con técnicas constituyendo ambientes abiertos, adaptativos, capaces de producir un *feedback* inmediato a partir de la acción de los usuarios. (…)En ese marco (Peters y Charlier, 1999) a partir de la noción de *dispositivo* se puede dar cuenta de una forma de construcción de conocimiento social que excede la mera transmisión de saber y constituye una lógica de la *experiencia o la experimentación del saber*".

Según Pierre Levy (1997, 1999, 2000) en la era eléctrica los dispositivos sociotécnicos y otras variables ligadas fundamentalmente a las telecomunicaciones constituyen un fondo que opera como una suerte de escenario mediático. Al igual que McLuhan, Levy reconoce la oralidad, la escritura y la informática como tres eras diferenciadas, no discontinuas, que conviven como modos fundamentales de gestión de conocimiento. Pero el autor propone una idea abierta de las tecnologías (2000) que da cuenta de una concepción más indeterminada de la evolución tecnocultural. Sostiene que a partir de la metamorfosis de la ecología cognitiva las nuevas tecnologías "desestabilizan los andamios culturales que dirigen nuestra comprensión de lo real". En este sentido, uno de sus intereses centrales gira en torno del concepto de *cibercultura* (1997) a la que define como el conjunto de técnicas (materiales e intelectuales), de prácticas, de actitudes, de formas de pensar y de valores que se desarrollan conjuntamente en el crecimiento del ciberespacio. Para Lévy la cibercultura expresa el auge de un nuevo universo, diferente de las formas culturales que le han precedido, que se construye y extiende a través de la interconexión de los mensajes, mediante su enlace continuo en comunidades virtuales en formación que les dan unos sentidos variados en renovación permanente. El filósofo sostiene que las técnicas de la cibercultura crean nuevas condiciones y proponen oportunidades inéditas para el desarrollo de las personas y de las sociedades. Aunque aclara que esas técnicas "(...) no determinan de forma automática ni la oscuridad ni la luz para el futuro de la humanidad", afirma que la cibercultura inventa el movimiento social que la ha hecho nacer, sus géneros artísticos y musicales; provoca grandes transformaciones en relación con los conocimientos; suscita necesarias reformas de la enseñanza y plantea nuevas cuestiones a la filosofía política.

Sin dudas una de las caracterizaciones que alcanzado mayor notoriedad ha sido la que realiza M. Castells (1997), quien sostiene que se está produciendo una transformación tecnológica de dimensiones históricas semejantes a la que produjo la invención del alfabeto al emerger un nuevo sistema de comunicación electrónica caracterizado por su alcance mundial, que por primera vez en la historia, integra en el mismo sistema a todos los medios de comunicación e incluye las posibilidades de la interactividad. Según el autor, este nuevo sistema está cambiando y cambiará para siempre nuestra cultura. Su hipótesis es que a través de la poderosa influencia del nuevo sistema de comunicación, mediada por los intereses sociales, las políticas gubernamentales y las estrategias empresariales, está emergiendo una nueva cultura: la cultura de la virtualidad real.

Castells analiza el fenómeno retornando la tradición de estudios sobre sistemas y medios de comunicación y manifiesta explícitamente la referencia a McLuhan, quien caracterizó a los medios de comunicación tecnológicos como materias primas o recursos naturales. En realidad, dice Castells, los medios (en particular la radio y la televisión) se convirtieron en el medio ambiente audiovisual con el que interactuamos todo el tiempo y de forma automática. Afirma que vivimos en un ambiente mediático y la mayor parte de nuestros estímulos simbólicos provienen de los medios. Incluso, agrega, se ha desarrollado un entorno televisivo, es decir, una cultura en la cual los objetos y los símbolos refieren a la televisión. Del mismo modo, los walkman hicieron de la música personalmente elegida un ambiente portátil. Sin embargo, aún desde esta perspectiva, el autor reflexiona sobre las implicancias sociales de los nuevos procesos de comunicación mediada por computadora (CMC). En primer lugar destaca que la CMC no es un medio de comunicación generalizado y no lo será en el futuro más cercano sino que seguirá siendo el campo de un segmento educado de la población de los países más avanzados. Considerando entonces este factor sostiene que aunque la CMC está revolucionando verdaderamente el proceso de comunicación, y por medio de éste la cultura como un todo, esta revolución se desarrolla en círculos concéntricos, que empiezan por los niveles de mayor educación y poder adquisitivo, y probablemente sea incapaz de alcanzar a grandes segmentos de las masas incultas y los países pobres. Explica Castells que lo que es propio de la CMC es que "(...) no substituye a otros medios de comunicación ni crea nuevas redes: refuerza los patrones sociales preexistentes". La CMC, dice el autor, se suma a la comunicación telefónica o por medios de transporte, expande el alcance de las redes sociales y posibilita que estas interactúen más activamente y según modelos temporales elegidos. Dado que el acceso a la CMC está cultural, educativa y económicamente restringido supone que su impacto cultural más importante podría ser el reforzamiento de las redes sociales culturalmente dominantes, así como el aumento de su componente cosmopolita y globalizado.

Un enfoque más general de los medios y tecnologías de la comunicación considerados como ambientes es el que desarrolla la corriente que se conoce como *media ecology*. Uno de los exponentes más representativos de este enfoque es N. Postman quien sostiene que no vemos la realidad como *es*, sino como nuestros lenguajes son, y nuestros lenguajes son nuestros medios de comunicación que constituyen a su vez nuestras metáforas. Según Postman nuestras metáforas crean el contenido de nuestra cultura. Para este autor, que retoma más directamente la tradición mcluhiana, la ecología de los medios se preocupa por el modo como los medios de comunicación afectan la percepción humana, el entendimiento, los sentimientos y valoraciones y cómo nuestra interacción con los medios facilita o dificulta nuestras chances de supervivencia. El término *ecología* implica el estudio de ambientes: su estructura, contenido y su impacto sobre las personas. Considera al ambiente como un sistema complejo de mensajes que impone a los sujetos ciertas formas de pensamiento, sentimiento y conducta. El ambiente estructura lo que es posible ver y decir, y por consiguiente, hacer; asigna roles; especifica –en algunos casos de manera explícita– qué está permitido y qué no está permitido hacer. En el caso de los ambientes mediáticos, las especificaciones son en general implícitas e informales, en parte ocultas por nuestra presunción de que nos relacionamos con máquinas más que con ambientes. La ecología de los medios es el estudio de los medios como ambientes y trata de hacer explícitas esas especificaciones. Trata de develar cuáles roles nos fuerzan a jugar los medios, cómo estructuran los medios lo que es visible, cómo llevan los medios a las personas a sentir y actuar de una determinada manera.

En Argentina, A. Piscitelli (1995, 2005) ha desarrollado una postura crítica respecto de las posiciones que sostienen el determinismo tecnológico. Sin embargo no desestima el impacto que la expansión de las tecnologías digitales produce en diferentes ámbitos de la vida cultural y social. Uno de los conceptos que ha introducido, no sin generar controversias, ha sido el de *nativos digitales* (2005) que se apoya en la diferenciación de dos tipos de sujetos o generaciones separadas por una importante distancia: por un lado los denominados "migrantes digitales", gente que tiene entre 35 y 55 años y, por otro lado, los "nativos digitales": los chicos que hoy tienen entre 5 y 15 años, dice el autor, son la primera generación mundial que ha crecido inmersa en estas nuevas tecnologías. Han pasado toda su vida rodeados de computadoras, video games y otros dispositivos digitales. Piscitelli reconoce que existen importantes diferencias sociales de acceso a esas tecnologías, sobre todo en el mundo periférico, pero aún así señala que los videojuegos, el e-mail, Internet, los teléfonos celulares y la mensajería instantánea se han convertido en parte integral de nuestras vidas y en lo que denomina el "oxígeno tecnocultural que respiran los chicos del tercer milenio" (2005). Ellos son *hablantes nativos* del lenguaje de las computadoras, los videojuegos e Internet. De modo que la diferencia que existe con la generación anterior, hablantes más o menos competentes de esa segunda lengua, es tal que puede ser concebida como una singularidad que está marcada por la digitalización de la cultura (especialmente juvenil) en las dos últimas décadas y más particularmente en los últimos 5 años en los países periféricos. Según Piscitelli lo que realmente interesa es saber hasta qué punto las funciones intelectuales, las habilidades cognitivas y las capacidades para volver inteligible el presente complejo, difieren o no en la generación digital respecto de la de sus padres o abuelos.

Por supuesto que el recorrido que hemos presentado hasta aquí no pretende ser exhaustivo, pero permite establecer algunos de los rasgos que pueden definir a la noción de *entorno tecnocultural* y que pueden orientar algunas líneas de interpretación en un ejercicio que planteamos hacia el final del capítulo.

Señalemos entonces algunos de los rasgos principales de este concepto. Para resumir nuestra idea de *entorno tecnocultural* sintetizamos la cuestión afirmando que la oferta y disposición de un conjunto cada vez más variado de dispositivos tecnológicos –en este caso, en general digitales– contribuye con la configuración de un tipo particular de escenario en el cual se desarrollan los intercambios sociales, que se diferencia sustantivamente de otros que predominaron en otros momentos históricos[78]. Entre otros factores, esas diferencias se apoyan en el hecho de que estas tecnologías y medios informáticos permiten operar sobre las comunicaciones acelerando los tiempos, reduciendo las distancias, instrumentando variados lenguajes y vías de interacción simultáneas, permitiendo múltiples modos de expresión. Uno de los rasgos más fuertes del entorno tecnocultural es su carácter inestable que está dado, entre otras cosas, por la marca de la obsolescencia que caracteriza a los productos tecnológicos. Los nuevos modelos de cada producto ofrecen variaciones en mayor o en menor medida significativas respecto de sus aspectos funcionales y/o estéticos; nuevos productos son lanzados al mercado en períodos de tiempo cada vez menores; nuevos usos de dispositivos ya clásicos son generados por usuarios que se tornan cada vez más competentes con su propia práctica. De modo que se trata de un escenario que se presenta en una dinámica de cambio permanente y se convierte en algo que es más que un telón de fondo y que permite que la noción de *ambiente* parezca cobrar un sentido más directamente visible que en etapas preeléctricas. El escenario se torna medio y asume un carácter envolvente que se materializa en cada uno de los espacios y momentos en que las personas interactúan entre sí, realizan sus actividades y además, se relacionan interactivamente con las máquinas. El ambiente lo envuelve todo influyendo en las prácticas, impregnando estéticas, condicionando éticas y políticas. El advenimiento de la televisión digital parece señalar uno de los puntos cumbres de este proceso ya que el medio más masivo comienza a producirse a partir de un modelo tecnológico que no solamente repercute en la potenciación de sus rasgos más característicos sumando, por ejemplo, un plus de definición a la imagen y el sonido, sino que agrega las posibilidades de la interactividad modificando sustancialmente el tipo de relación que los públicos establecen con el medio. La integración de varios medios en el *triple play* (TV, telefonía celular, telefonía básica e Internet portátil) o

---

[78] Algunas de las observaciones que se relacionan con este tema se publicaron en Cabello, R., "Pliegues en la tecnocultura", en Revista Question. Publicación académica de la Facultad de Periodismo y Comunicación Social de la UNLP, Nro. 17, verano de 2008, disponible en http://www.perio.unlp.edu.ar/question/

la posibilidad de portar un entorno musical de dimensiones inusitadas en el mp4 permiten que los dispositivos del ambiente puedan llevarse en el bolsillo. Claro está que no todos los bolsillos son iguales. Pero el entorno tecnocultural se sostiene además afuera de los bolsillos, configurando un paisaje también particular a través de la presencia de imágenes movimiento, sonidos altamente definidos, móviles letreros electrónicos y toda una serie de teclados y pantallas en los comercios, en la vía pública, en los locales semi-públicos del tipo de los que enfocamos en este trabajo. Porque su expansión y sostenimiento se apoya en la lógica del mercado, en las estrategias de las empresas cada vez más globales que producen y distribuyen la tecnología a escala planetaria. Siempre sujeta a relaciones de poder, la penetración del medio informático no deja de formar parte de esas mismas relaciones. Aún desigual en cuanto al acceso social, la expansión tecnológica no cesa de profundizar esas desigualdades.

Esa impronta envolvente que asume el entorno tecnocultural propone unas condiciones que favorecen la producción de un proceso de naturalización[79] según el cual el artificio de ese ambiente se desdibuja por la fuerza de su presencia y por la eficacia de sus propias estrategias de seducción. A través de la acción de sus productores y gestores el ambiente se mitifica y se vende a sí mismo usando sus propias y diversas posibilidades de comunicación. Sin embargo esa nueva naturaleza que tiende a constituirse no alcanza a ocultar su carácter de tono de época. Se presenta a sí misma como lo natural hoy, lo actual, como lo que el mundo es. De manera que desde esa construcción produce interpelaciones que genera identificaciones y expectativa de pertenencia y que sienta las bases para producir ilusión de igualdad con inclusión de la diversidad. La ilusión de que accediendo a la tecnología se forma parte del mundo, ya se trate de países, clases, grupos o individuos.

2. ¿De qué hablamos cuando decimos *tono de época?*

Decimos que el *entorno tecnocultural* se vincula con el *tono de época,* bajo el supuesto de que ese ambiente que se conforma en el actual período

---

[79] En este sentido conviene hacer usos cuidadosos de ideas como la de *nativo digital* ya que fuera de contexto o en contextos determinados pueden dar lugar al reforzamiento de este tipo de operaciones de naturalización, desdibujando las tensiones que encierra la socialización en ambientes culturales altamente tecnificados. Estas ideas se retoman y desarrollan en Cabello, R. "Mundos Alternativos", 2008.

histórico influye sobre y al mismo tiempo resulta de la configuración de ciertos rasgos culturales particulares.

Además de las conceptualizaciones que estuvimos revisando en el apartado anterior podemos repasar otras variantes que han expuesto algunos autores para dar cuenta de fenómenos como el que pretendemos referir.

A finales de los años de 1990, O. Steimberg y O. Traversa (1997) se habían propuesto explorar la relación que existe entre estilo de época y comunicación mediática. Una de las vías de ingreso a esa exploración había sido el análisis de las transformaciones que se produjeron desde la primera mitad del siglo XX cuando, según los autores, nuevos fenómenos mediáticos afectaron la definición de arte o problematizaron el vínculo y la circulación artística. Sostienen que se produce un proceso de "estetización" de la vida y el mundo que se hace visible en un sector de textos "posmodernos" y en la transformación misma de los medios. A este respecto, además de señalar (al igual que Verón, como se verá más adelante) que se adjudica al producto mediático el carácter de productor de acontecimientos, los autores destacan otros factores que caracterizan a esa transformación como son a) la emergencia de posiciones espectatoriales inéditas en la historia del arte, generadas por el cine, la radio, la TV y luego las redes computarizadas; b) el establecimiento de relaciones de nuevo tipo entre géneros altos y bajos; c) la interpenetración también inédita de procedimientos propios de un soporte en otro soporte; d) la transposición múltiple o pasaje de obras o géneros de un medio o lenguaje a otro y e) el protagonismo de la producción mediática en la organización tecnoeconómica, a través de la transformación de esa producción en una serie de nudos vinculares: TV con TE, pantalla computacional interactiva, integración de ese mismo dispositivo a múltiples pistas de pasaje de la oferta y la demanda. Sostienen que "(...) la discursividad contemporánea integra los registros del arte, la ciencia y el mito en espacios cambiantes de emplazamiento e inclusión. (...)" (Steimberg, O. y Traversa, O, 1997:.30).

Además, Steimberg se preocupa por aclarar que la idea de estilo de época no se corresponde con la de *generación* ni tampoco con la de "corriente", ya que esta última tiene un sentido de desplazamiento prolongado y direccional, que se complica ahora con las experiencias del *estar en red*. La cultura mediática se caracteriza por lo *visible* mientras que aquello que se conceptualiza como generacional se vincula más con lo *dicho*.

Desde la teoría de la discursividad social y recuperando sus propios desarrollos anteriores, E. Verón (2001) ha presentado una caracterización que se apoya también en la atención sobre el rol que juegan los medios de comunicación y que propone pensar a la formación social actual ya no como *mediática*, sino como *sociedad mediatizada*. Sostiene que se ha producido un cambio que ha llevado a dejar atrás lo que denomina sociedad industrial *mediática*, es decir, aquella en la cual los medios se instalan y se considera que constituyen una suerte de espejo en donde la sociedad industrial se refleja y por la cual ella se comunica. Sostiene Verón que ese imaginario marcaría una frontera entre el orden de lo "real" de la sociedad (su historia, sus prácticas, sus instituciones, sus recursos, sus conflictos, su cultura) y otro orden, que es el de la representación, que progresivamente han tomado a su cargo los medios. Pero en el transcurso del proceso que lleva al desarrollo y expansión de las tecnologías de la comunicación esa sociedad mediática cambia de naturaleza y se transforma paulatinamente en una sociedad *mediatizada*. El proceso de *mediatización* desdibuja la frontera entre lo real de la sociedad y sus representaciones y comienza a sospecharse que los medios no son solamente dispositivos de reproducción de un "real", sino más bien dispositivos de *producción* de sentido. Una sociedad en vías de mediatización, afirma el autor, es aquella donde el funcionamiento de las instituciones, de las prácticas, de los conflictos, de la cultura, comienza a estructurarse *en relación directa con la existencia de los medios*[80].

Pero se han desarrollado caracterizaciones que no giran en torno al rol de los medios sino que incluyen el análisis de los medios y sus productos como unos más entre los objetos culturales. Es probable que uno de los intentos más sistemáticos haya sido el que realizó a fines de los años de 1980 O. Calabrese (1987), que se proponía buscar las huellas de la existencia de un GUSTO de nuestro tiempo examinando diferentes objetos. Sostenía que era posible identificar una mentalidad, un horizonte común de gusto; un aire de tiempo que se manifiesta en todos los campos del saber (ciencia, arte, literatura, filosofía, consumo cultural). Su trabajo se orientaba hacia la búsqueda de un "carácter de época" sustancialmente estético, moviéndose a partir de un principio general que sostenía que existe una FORMA, un principio de organización que subyace a fenómenos muy dispares y preside sus sistemas internos de relaciones. "Existen 'caracteres',

---

[80] "Las sociedades postindustriales son sociedades en vías de *mediatización*. Es decir: sociedades donde las prácticas sociales (las modalidades de funcionamiento institucional, los mecanismos de toma de decisiones, los hábitos de consumo, los comportamientos más o menos ritualizados, etc.) se transforman *por el hecho* de que existen los medios" (medio en sentido estricto: dispositivos tecnológicos de producción-recepción de discursos). (Verón, 2001: 41).

epistemas', 'mentalidades' de época y son reconciliables por cuanto son redes de relaciones entre objetos culturales", afirmaba el autor, considerando a esos objetos culturales como fenómenos de comunicación.

Ahora bien, estas formas provocan determinados juicios de valor en la sociedad, y Calabrese pretende describirlas a partir de la propuesta de valores que todo texto contiene, es decir; a partir de la categoría estética. De modo que la búsqueda del NEOBARROCO (talla denominación que asigna al "carácter de época") se realizará por hallazgo de figuras (es decir, manifestaciones históricas de fenómenos) y por tipificación de formas (modelos morfológicos de transformación)[81].

A. Darley (2002) presenta uno de los análisis más recientes y que puede considerarse (aún a riesgo de contradecir la expectativa del autor) como expresión del proceso de acumulación que integra posiciones como las descriptas hasta aquí. Darley identifica y analiza lo que considera una corriente estética predominante dentro de ciertas formas o géneros actuales de la cultura visual de masas, que se encuentran estrechamente vinculados a las tecnologías de producción digitales. Según el autor esta estética, basada en los principios estructurales de una repetición paulatinamente intensificada, posee como rasgo fundamental su gusto por la "recombinación" y por la reinvención. Sin embargo, Darley llama la atención sobre el hecho de que la cultura contemporánea está constituida por una gran variedad de modalidades visuales culturales y por sus formas o géneros, cada una con su propia historia, y en mayor o en menor medida afectadas por la tendencia a la repetición y a la recombinación ya otros rasgos como son la superficie y a la sensación. Supone que se genera una "estética de lo sensual" y afirma: "(...) Relacionada con la forma, la superficie (las imágenes carentes de profundidad) y la fisicalidad, 'la cultura visual digital' manifiesta una naturaleza estética muy específica, que indica que se necesita algo parecido a una 'poética' del juego de superficie y de la sensación para comenzar a entenderla." (Darley, 2002: 300)

Una de las caracterizaciones que más se ha difundido en los últimos años es la que presentaba Z. Bauman (2000) justo en el inicio del nuevo siglo, a través de su idea de *modernidad líquida*. En su caracterización de esta nueva etapa de la modernidad, Bauman habla explícitamente en términos de época: la época del *software,* la era de "comparación universal", el momento de la modernidad fluida ya que la "fluidez" y la "liquidez"

---

[81] Es así como Calabrese propone algunas formas subyacentes a ciertas figuras provenientes de distintos campos: estética de la repetición; del exceso como trabajo en el límite; del detalle o del fragmento; de la inestabilidad y la metamorfosis; del caos.

son metáforas, dice, que permiten aprehender la naturaleza de la fase actual de la historia de la modernidad. Y es afectivamente a partir de esas metáforas como el autor reconoce cierta regularidad en un conjunto de dimensiones de la vida social, a la manera como intentamos comprender aquí la idea de *tono de época*. La fluidez y la liquidez caracterizan a las relaciones sociales y políticas: se modifican las modalidades de construcción individual pues comienzan a dejar de funcionar los grupos de referencia para instalarse configuraciones y pautas menos determinadas, variadas e incluso contradictorias. Se produce el derrumbe, la fragilidad, la vulnerabilidad, la transitoriedad y precariedad de los vínculos y redes humanos. Los vínculos entre las elecciones individuales y las acciones y proyectos colectivos, las estructuras de comunicación y coordinación entre las políticas de vida individuales y las acciones políticas colectivas, comienzan a licuificarse. Y esta situación hace posible que comiencen a actuar los poderes extraterritoriales, *pospanópticos*, que se mueven con gran velocidad y hacen cada vez menos accesibles. Dice Bauman: "Las personas que se mueven y actúan más rápido, las que más se acercan a la instantaneidad de movimiento, son ahora las personas dominantes. (...) La dominación consiste en la capacidad de escapar, de 'descomprometerse', de 'estar en otra parte', y en el derecho a decidir la velocidad con la que se hace todo eso... mientras que, simultáneamente, se despoja a los dominados de su capacidad de detener o limitar esos movimientos." (Bauman, 2000: 129)

De manera que la velocidad se presenta como un rasgo constitutivo del tono de época, es el tiempo insustancial e instantáneo del mundo del *software* al que el autor analiza como un tiempo sin consecuencias ya que la "instantaneidad", no solamente implica una satisfacción inmediata, sino que al mismo tiempo significa el agotamiento y la desaparición inmediata del interés. El advenimiento de la instantaneidad lleva a la cultura y a la ética humanas a un territorio inexplorado, donde la mayoría de los hábitos aprendidos para enfrentar la vida han perdido toda utilidad y sentido. Al mismo tiempo, otro de los rasgos que caracteriza a la época del *software* es la descamación del trabajo humano que permite al capital ser extraterritorial, volátil e inconstante, viajar rápido y liviano, generando la incertidumbre de todos los demás. Es en esta característica, dice Bauman, en donde descansa la dominación de hoy, y en ella se basa el principal factor de división social.

El propósito de este breve recorrido ha sido poner de manifiesto, a través de distintas posiciones, algunas de las diferentes dimensiones que intervienen en aquello que buscamos comprender aquí como "tono de época". De alguna manera recuperamos la orientación de W. Benjamin (1989) que indicaba que dentro de grandes espacios históricos de tiempo se modifican, junto con toda la existencia de las colectividades humanas, el modo y manera de su percepción sensorial. El autor llamaba la atención sobre el hecho de que dichos modo y manera en que esa percepción se organiza, el medio en el que acontecen, están condicionados no sólo natural, sino también históricamente. Según su parecer, varias transformaciones sociales hallaron manifestación en esos cambios de sensibilidad. Y al vincular aquí esta postura con el modo como se ha desarrollado la noción de entorno tecnocultural y con los aportes presentados en este apartado, se hacen visibles los múltiples factores que se involucran si se comprende a las sensibilidades en un sentido amplio. Por un lado identificamos una dimensión relacionada con los procesos simbólicos y cognitivos y planteamos que los dispositivos mediáticos y de las TIC en general dejan una fuerte impronta en los mismos, afectando los modos como se experimenta la realidad y la ficción; el tiempo y el espacio; la verdad, la verosimilitud y la falsedad; los parámetros de orientación e información de los que se dispone. Al mismo tiempo reconocemos que esos mismos dispositivos, ya característicos de lo que podría denominarse la época, operan a su vez modificaciones en sus propios lenguajes, formatos, artefactos y productos. Buena parte de esas modificaciones son de carácter formal y pueden comprenderse en el marco de una estética e incluso, como propone Darley, una poética. Una estética que está dentro y fuera de esos dispositivos, que produce mezclas, recuperaciones en el tiempo, combinaciones y convivencias variadas. De manera que una vez aceptado el hecho de que se genera un tono de época que se manifiesta en el campo simbólico en general y estético en particular, en el nivel cognitivo y de orientación social y político, cabe preguntarse si ese tipo de sensibilidad se vincula de alguna manera con las modalidades de intercambios que se producen entre las personas en las diferentes situaciones de la vida cotidiana.

3. Jugar en red en el entorno tecnocultural

¿Podemos decir que los videojugadores de juegos en red de la periferia urbana en la que hemos estado trabajando se desenvuelven en un entorno tecnocultural, tal como lo analizamos en el inicio de este capítulo? Si esto es así, ¿qué papel juega la práctica de juegos en red en la relación que estos videojugadores establecen con ese entorno?

Al describir en parágrafos anteriores las características del entorno tecnocultural y al relacionar esa caracterización con la idea de tono de época hemos establecido un punto de partida para el análisis. Ese punto de partida consiste en asumir que en la actualidad los intercambios sociales se desarrollan en un nuevo tipo de escenario, de características envolventes y ambientales, que se conforma a partir de la oferta y disposición de un conjunto cada vez más variado de dispositivos tecnológicos. Al mismo tiempo se entiende que ese ambiente condiciona esos intercambios de diferentes modos y con diferentes alcances según las relaciones que los sujetos (individuales y colectivos) establecen con el mismo y con sus componentes. Esas relaciones estarán probablemente condicionadas a su vez por factores de índole social, cultural, económica, geográfica.

En ese sentido destacamos oportunamente que la evolución de la penetración del medio informático –componente central del entorno tecnocultural– involucra tensiones. Si bien se trata de un proceso en ascenso sostenido, enfrenta las dificultades derivadas del alto costo que tienen aún los equipos para la población Argentina. Pero dijimos también que como consecuencia de ese proceso ascendente la presencia de las computadoras y de Internet en la vida cotidiana de las personas, se ha hecho cada vez más importante, en parte porque la disposición de computadoras en locales públicos ha facilitado el acceso y ha permitido mayores niveles de familiaridad en los usuarios y potenciales usuarios.

Ahora nos interesa establecer en qué sentido podemos afirmar que un tipo particular de videojugadores de juegos en red (es decir, los que juegan en locales públicos de la periferia urbana) se desenvuelven en un entorno tecnocultural. Entonces proponemos avanzar caracterizando en principio la relación que estos jugadores establecen con algunos de los componentes del entorno tecnocultural para producir a partir de esa descripción una observación de carácter más general. De modo que retornaremos algunas de las interpretaciones desarrolladas en capítulos anteriores en las cuales se ponen de manifiesto esas relaciones: la que establecen con los medios de comunicación, con otros productos de la industria tecnocultural y con los diversos medios informáticos.

Una primera cuestión que llama la atención es el escaso peso relativo que asume en el discurso espontáneo de los videojugadores entrevistados la relación con los medios de comunicación y otros productos de la industria cultural.

Es indudable que el consumo de televisión, por ejemplo, continúa registrando importantes niveles en los hogares argentinos y que por sus altos grados de penetración este medio constituye un componente fundamental del entorno tecnocultural. Según el SNCC06, cuando se enfocan las actividades que se realizan durante el tiempo libre en el hogar, el 87.6% de los argentinos mira televisión. Entre los jóvenes, además, la televisión es el principal medio de información tanto entre los menores que tienen entre 12 y 17 años (38.4% se informan a través de TV) como entre los que cuentan entre 18 y 34 años (30.3% usan este medio para informarse).

Pero en el caso de la zona donde hemos estado trabajando, cuando se trata no de medir los consumos efectivos, sino de identificar las preferencias respecto de las actividades que se realizan durante el tiempo libre, los jugadores de juegos en red desestiman a la televisión como opción de entretenimiento. Esto no significa que no consuman televisión, que no tengan sus programas más o menos favoritos o que dejen de compartir consumos familiares o grupales del medio. Sin dudas, la televisión –como medio que continúa ocupando el lugar de mayor penetración y transversalidad social– tiene una presencia sostenida en la vida cotidiana de estos jóvenes. Lo que se destaca aquí es que sin diferencias entre sexos, edades y zonas en donde son entrevistados, el de la televisión no es un consumo que se imponga espontáneamente en el discurso de los entrevistados como favorito.

El hábito de escuchar música, que el SNCC06 identifica como segunda actividad más realizada durante el tiempo libre en el hogar (82.6%) aparece en el discurso de unos pocos entrevistados de manera espontánea pero no exclusiva (es decir, siempre en medio de una lista de otras actividades).

Por otra parte, el SNCC06 establece que el 50.6% de la población que reside en el Área Metropolitana de Buenos Aires (AMBA) tiene el hábito de concurrir al cine[82] y señala además una fuerte penetración del dispositivo de reproducción de VHS y de DVD. En AMBA el 87.7% de la población posee alguno de esos dispositivos[83]. Pero en el discurso espontáneo de los videojugadores en red que entrevistamos, tampoco parecen ser muy

---

[82] Hábito que parece distribuirse de manera pareja entre los diferentes intervalos de edad que se consideran habitualmente correspondientes a los jóvenes, con una leve diferencia a favor de los mejores (51 % entre los de 12-17 y 46% entre los de 18-34), pero con una significativa distancia entre los diferentes niveles socioeconómicos (48.3% en C2 Vs. 25.1 en DE).

[83] En este caso la penetración es fuerte en los distintos niveles socioeconómicos: 85% en C2 y 64.4% en DE. Además tanto los jóvenes de 12 a 17 años (74.1%) como los mayores (79.9%) declaran la posesión. Por otra parte, el 39.8% de los argentinos declara que consume videos y DVD durante su tiempo libre en el hogar.

valoradas estas otras ofertas de la industria (tecno) cultural que constituyen el cine o las películas[84].

Sin embargo antes de adelantar conclusiones conviene retomar ciertas observaciones vinculadas esta vez con la relación que esos videojugadores establecen con el medio informático. Vale recordar que esa relación se enfoca en este estudio únicamente en el contexto del local público tipo locutorio o ciber, aunque en algunos pocos casos los entrevistados declaran que poseen PC en su hogar. Habíamos adelantado ya que la relación con la PC trasciende la práctica de juegos en red dado que tanto dentro del local como en el hogar se desarrollan otras prácticas vinculadas con las posibilidades de uso que ofrece el medio informático en general e Internet en particular. A través de la encuesta realizada se había podido establecer que durante los lapsos de permanencia en el locutorio o cibercafé, 9 de cada 10 usuarios ejecutan otras prácticas informáticas de conectividad; además del juego en red; actividades tales como las siguientes, y en este orden: 1) chatear (sobre todo las usuarias más jóvenes que tienen hasta 19 años); 2) navegar por Internet (principalmente los usuarios varones); 3) usar el correo electrónico y 4) jugar con la PC a juegos de Internet.

El chat es un sistema de comunicación sincrónica mediada por computadoras. La forma más habitual es el chat de texto que, como se apoya en la palabra escrita, deja afuera todos los indicios corporales (Levis, 2005). El "chateo" es una actividad bastante generalizada entre los videojugadores que respondieron entrevistas, aunque no se observaron diferencias importantes entre los sexos. Este tipo de conversación mediada por la PC, especialmente por el uso del teclado, se menciona como una actividad que suele realizarse para pasar el tiempo, como entretenimiento en el cual pareciera que el uso mismo de la tecnología ocupara un lugar tan importante (y en algunos casos, mayor) como el hecho de comunicarse y el contenido del intercambio. Al interés que parece generar el extrañamiento frente a la conversación en tiempo real con prescindencia de la voz, es posible que se agregue la posibilidad de complementar el intercambio (tal vez suplir de alguna manera esa ausencia de indicios corporales) a través de los recursos que la propia tecnología ofrece (como puede ser el uso de

---

[84] Es interesante señalar que los entrevistados no son consumidores de *comics*. El SNCC06 observa una tendencia sostenida al consumo de ese género en ambos sexos, que alcanza al 30.2% del AMBA y que en el país registra mayores niveles en el nivel socioeconómico DE (35%) que en C2 (27%).

emoticones y otro tipo de iconos) y divertirse a partir de la sensación de dominio de la máquina.

Los videojugadores de juegos en red, sobre todo los varones con los que conversamos, suelen dedicar parte del tiempo que pasan en los *cíber* a navegar por Internet. Si párrafos atrás poníamos la atención sobre la escasa presencia que la actividad de escuchar música ocupaba en los relatos de los entrevistados, señalamos ahora que la acción de "bajar música" y/o "escuchar música" destaca en primer lugar entre los usos de Internet que declaran. Además muchos de ellos se dedican a la búsqueda de información vinculada en general con requerimientos escolares.

Por último, habíamos establecido otras dos cuestiones vinculadas con los usos del medio informático. Por un lado el hecho de que a pesar de ser el correo electrónico el servicio más tradicional y más utilizado por los usuarios de Internet, en el momento en que se hicieron las entrevistas el uso de ese medio de comunicación impresionaba poco instalado entre estos adolescentes. Por otro lado, comenzaba a aparecer en su discurso la referencia a la práctica que se conoce como "fotolog", que consiste en publicar fotos usualmente acompañadas de textos en un espacio que puede ser propio o compartido y en el cual se reciben comentarios sobre esa combinación de imagen y palabras. Los usuarios suelen definir al fotolog como una página en donde subir fotos para compartir. De todos modos en el momento en que se realizó el trabajo de campo esta práctica –que ya estaba bastante generalizada entre adolescentes de sectores urbanos poseedores de PC en el hogar– se manifestaba aún de manera incipiente. Asimismo, la práctica de "bajar" películas no se había extendido entre esos mismos jóvenes pero sí se había constatado, que el 60% de quienes típicamente adscriben a la condición de visitantes habituales al local de video juegos en red juega otros juegos electrónicos, desde las consolas conectadas a un televisor hasta las computadoras personales, pasando por los portátiles.

De modo que podría decirse que estos jóvenes están rodeados de dispositivos y ofertas tecnoculturales de diversa índole, algunas más cercanas (como la de la televisión y otros medios masivos) y otras cuyo acceso está condicionado por distintos factores como pueden ser la disposición de dinero, tiempo, vías de transporte. Conviven además con un conjunto de prácticas de consumo de esas ofertas que parecen estabilizarse en los últimos años y alcanzar importantes niveles de difusión. Aun en ese contexto, señalamos también que cuando se trata de establecer preferencias, los entrevistados toman otras opciones que se caracterizan por desarrollarse más bien en ámbitos abiertos y por involucrar la presencia de terceros. Por un lado, habíamos apuntado que las actividades al aire libre que comprometen el uso del cuerpo se presentan con gran fuerza en el discurso de algunos jugadores: los deportes y "jugar a la pelota" aparecerían en primer lugar. Vale considerar que la mayoría de los videojugadores en red, y por tanto, de los entrevistados, son varones[85]. Además mencionaban el gusto por caminar y andar en bicicleta con amigos[86].

Sin embargo, cuando se examina la cantidad de horas semanales que los entrevistados destinan únicamente a la práctica de juegos en red (es decir, sin considerar además aquellas que destinan a otros medios de comunicación, medios informáticos y demás ofertas tecnoculturales como puede ser el uso del teléfono celular) y la distribución de las mismas a lo largo de la semana, pareciera que es poco el tiempo libre que resta para dedicar a esas preferencias.

Recordemos que uno de los rasgos más fuertes que atribuimos al entorno tecnocultural es su carácter inestable y que ese rasgo se vincula, entre otros factores, con la velocidad de los cambios que caracteriza a la dinámica del mercado de productos tecnológicos. En ese contexto resulta fundamental situar el análisis con referencia al momento en que se realizó el trabajo de campo de esta investigación (especialmente durante 2004 y 2005) ya que nuevas ofertas pueden haberse presentado a estos usuarios *a posteriori* de ese período y es posible que algunos de ellos hayan accedido a usos de dispositivos que les eran ajenos, como puede ser por caso la variada gama de posibilidades que ofrece la telefonía celular[87]. Enmarcar el análisis de este modo permite, entre otras cosas, generar un corte que admita la reconstrucción de tendencias de evolución de los consumos tecnoculturales a partir de posibles trabajos posteriores.

---

[85] Este podría ser un factor que opera en la construcción de la diferencia respecto del contexto, si se toma en cuenta que según el SNCC la práctica de deportes es una actividad de tiempo libre realizada fuera del hogar por una proporción menor de la población (39.1%).

[86] En este sentido podría observarse una mayor congruencia con las prácticas más generalizadas durante el tiempo libre fuera del hogar que señala el SNCC06 (visitar amigos y familia 89.8% y pasear por parques y plazas 75.2%).

[87] Los usos de la telefonía celular no se han explorado en este trabajo. Pudo observarse que solamente una minoría de los entrevistados ostentaban un teléfono celular. Pero los hábitos de consumo de esta tecnología constituyen sin duda un motivo particular de estudio. De hecho, en la actualidad las principales compañías telefónicas que operan en el país realizan estudios sistemáticos a nivel nacional para indagar esos hábitos en los diferentes segmentos de consumidores reales y potenciales.

De manera que si centramos la atención en el aquí y ahora de los videojugadores de juegos en red en el momento en que tomamos contacto con ellos podemos decir que si bien su vida cotidiana se desenvuelve efectivamente en el marco del entorno tecnocultural, su relación con ese entorno asume características particulares. En primer lugar se puede realizar una referencia a las particularidades que asume el *paisaje periurbano* en tanto entorno tecnocultural. A diferencia de los centros urbanos como puede ser el de la ciudad de Buenos Aires, el paisaje de la periferia urbana que estamos considerando exhibe una mayor diferenciación entre centro y barrios en lo que respecta a la presencia de dispositivos tecnoculturales en el espacio público y semipúblico.

La zona que podría denominarse centro comercial y administrativo del partido que enfocamos en nuestro estudio de caso se ubica especialmente en un área claramente delimitada. Es allí en donde puede observarse una concentración de ese tipo de dispositivos: locales de entretenimiento que ofrecen distinto tipo de posibilidades (videojuegos, juegos en red, usos de Internet); locales comerciales que exhiben distintos tipos de aparatos (para transmisión de medios masivos, telefonía básica y celular, tecnología para la producción y reproducción de sonido y audiovisual, medios informáticos); locales de provisión de productos y servicios en donde las transacciones están mediadas por computadoras y otros dispositivos como cajeros automáticos. A pesar de que se observa una exhibición de imágenes en movimiento, carteles con textos electrónicos y pantallas que no puede compararse con la de los centros urbanos por su nivel de profusión y alcance, se configura un paisaje que tiende a integrar de manera cada vez más consolidada unos productos y una estética propios del entorno tecnocultural.

Pero en los barrios en donde se ubican algunos de los locales observados y que corresponden a diferentes localidades del partido, el paisaje es muy diferente, más despojado de imágenes y de dispositivos tecnológicos. En algunos casos incluso la actividad comercial se desarrolla en espacios de las propias viviendas destinados a tal fin, o en locales más sencillos y clásicos cuya estética y funcionalidad se apoya más en los productos de la cultura gráfica que de la digital y en donde la actividad parece desarrollarse a un ritmo correspondiente a ello: menos acelerado y más durable. En ese contexto el locutorio o el *ciber* irrumpen como el lugar en donde se concentra el acceso a los medios informáticos y en el cual se reproducen variados aspectos del entorno tecnocultural a una escala más referenciada en el centro de la localidad que en los centros urbanos. Y es entre el centro del partido y los barrios en donde se despliegan los itinerarios principales de estos videojugadores en red que suelen desarrollar su vida en el marco de la localidad y que experimentan la imagen de la ciudad capital como un ámbito distante que les es ajeno. Entonces puede decirse que estos jóvenes vivencian una relación con un paisaje tecnocultural discontinuo, que se intensifica cuando los recorridos los llevan por el centro de la localidad y cuando ese centro se modifica al ritmo de la incorporación de imágenes y tecnologías o cuando deja de ser paisaje para encerrarse en el locutorio o el *ciber* del barrio.

Esa discontinuidad se manifiesta también en relación con los ámbitos de socialización más inmediatos de estos adolescentes en los cuales la configuración del entorno tecnocultural privilegia la presencia de los medios de comunicación de masas (TV y radio en un caso, libros en otro) y deja afuera a los medios informáticos. Por un lado, en buena parte de los hogares familiares no se había incorporado aún la computadora y en los pocos casos en que se poseía la PC, no eran frecuentes las conexiones a Internet y la disposición de cuenta de correo electrónico. Por otro lado, la incorporación de la computadora en la enseñanza formal se encuentra en el partido bastante demorada lo cual impacta sobre las posibilidades de acceso y apropiación de ese tipo de tecnologías por parte de los estudiantes en un ámbito que puede ofrecer mayores niveles de sistematicidad como es el de la escuela[68].

En ese contexto parece pertinente la pregunta acerca del rol que juegan los locales públicos en general y las prácticas en torno a los juegos en red en particular en lo que respecta la relación que se establece con el entorno tecnocultural. A ese respecto conviene recordar que se ha constatado a través del estudio cuantitativo que una porción muy importante del tiempo libre de los entrevistados transcurre en el locutorio o el *ciber*, en donde están en mayor medida dedicados a la práctica de videojuegos en red. El estudio estableció que si bien la mitad de los videojugadores en red componen la categoría "usuarios bajos" (es decir, aquellos que concurren al local sólo algunas veces por semana y permanecen poco tiempo), la otra mitad se distribuye entre los "usuarios altos" (25%), que

---

[68] Según un estudio anterior (Cabello, 2006), durante el primer semestre de 2002, es decir, cuando varios de los entrevistados cursaban lo que se consideraba por entonces EGB, sólo el 15% de las escuelas de gestión pública del partido disponía de computadoras destinadas a la enseñanza. Además, cabe aclarar que entre esas escuelas, el promedio de PC disponibles para tal fin era de 5.3 y que se trata de equipos que habían sido en su mayoría instalados a partir de 1997 (aunque muchos de ellos se encontraban aún sin instalar).

acostumbran acercarse todos los días al local y a permanecer varias horas en el mismo, y "usuarios medios" (22%), que suelen concurrir casi todos los días pero permanecen sólo 1 hora promedio. Por otra parte se ha podido diferenciar que mientras las jugadoras permanecen entre 2 y 3 horas en el local, los varones los hacen entre 3 y 4 horas (en todos los casos la permanencia aumenta los fines de semana). De modo que si consideramos, como hemos afirmado en capítulos anteriores, que el tiempo libre de estos entrevistados es principalmente el de contra-colegio (el tiempo que no están en la escuela o realizando actividades para la escuela) podemos observar que quedaría muy poco margen para el desarrollo de actividades fuera de ese ámbito.

Cuando exploramos las motivaciones del consumo de juegos en red, una de las posiciones que se manifestaba con más fuerza estaba vinculada con las oportunidades de estar con el otro (se volverá sobre esta cuestión en el apartado siguiente). Pero había también otra posición según la cual la relación con la tecnología juega un rol central. Algunos jóvenes habían tenido ya otras experiencias con entretenimientos tecnológicos (como pueden ser los videojuegos en distintos soportes, sobre todo *play station* y sus antecesores) y encuentran en el salón de entretenimientos nuevas alternativas, mediadas esta vez por la computadora. La motivación se apoyaba en lo que denominamos "parentescos tecnológicos". Pero existe otro factor que resulta convocante y es el que se relaciona con las posibilidades que ofrece la interactividad, una característica propia del medio informático que seduce a los jóvenes por ofrecer un sinnúmero de alternativas y opciones de entretenimiento apoyadas en la actividad de los sujetos. En el caso de los videojuegos en red, tanto la interacción competitiva de los jugadores como la fruición del juego se apoyan y se expresan en la interactividad.

De manera que ya con la idea de estar con otros, ya por la necesidad de compensar la carencia de tecnología en el hogar o con la inquietud por establecer vínculos con las opciones de entretenimiento tecnológico, el local público se constituye en uno de los ámbitos privilegiados (sino el principal) en los que los entrevistados se relacionan con un conjunto de componentes centrales del entorno tecnocultural. Es allí en donde los videojugadores encuentran una importante oportunidad de acceso a la estructura de la oferta y distribución social de los recursos tecnológicos y sus soportes materiales. Y no solamente se trata de un acceso físico, sino que se encuentran con un tipo de dispositivo tecnológico del cual pueden apropiarse con el recurso de su propia exploración y práctica y la eventual colaboración de los pares. De allí que afirmáramos en capítulos anteriores que impresiona que los juegos en red se constituyen en un centro articulador de varios aspectos muy valorados: el entretenimiento, la relación con los otros y la posibilidad de formar parte de un entorno tecnológico, acortando así la distancia social simbólicamente construida y percibida y vinculándose con un universo deseable al cual conciente o inconscientemente se pretende pertenecer.

4. Las prácticas en torno a los juegos en red y la sociabilidad

¿Cómo se caracterizan las modalidades de sociabilidad que se desarrollan en los locales públicos de juegos en red?; ¿cómo influye la mediación tecnológica en este tipo de modalidades?; ¿podrían estar significando cambios en relación con modalidades anteriores de sociabilidad durante el tiempo libre?

En el apartado anterior enfocamos una dimensión que, además de relacionarse con los estudios sobre tecnologías, puede alinearse en la tradición de análisis de los videojuegos desde una perspectiva cultural. En el inicio de este libro presentamos posiciones como las de algunos autores (Provenzo, 1991; Lafrance, 1994; Perriault, 1994) que han subrayado el impacto de las nuevas tecnologías en la definición de nuevas bases simbólicas en nuestra cultura y, en el caso particular de los videojuegos, los han considerado como parte integrante del discurso cultural de las sociedades posmodernas, caracterizadas por la cultura de tipo mosaico[89]. Otros autores (Trémel, 2000; Azemard, 1999) se han interesado por el impacto que pueda generar el consumo de videojuegos en cuanto a la

---

[89] Desde esta perspectiva, el videojuego se interpreta como un producto cultural que funciona como un lenguaje que depende de la cooperación interpretativa del creador y del jugador. Uno de los rasgos distintivos sería el de la intertextualidad ya que el juego "jugado" es un fragmento textual que se sitúa en el continuum del universo cultural del niño. Explica Lafrance (1994) que antes de la llegada de los videojuegos existía un hipotexto a través del cual se transmitía al niño un conjunto de elementos de la cultura de masas (cine, libros, periódicos, etc). A partir del hipertexto se transforman ciertos personajes de videojuegos en otro tipo de géneros y productos como cómics o películas. Se generaría así un efecto de síntesis cultural que el usuario realizaría ante los diversos productos y soportes, y por otro, un efecto de refuerzo cultural que contribuye a rodearle de un conjunto coherente de signos. Sostiene el autor que a pesar de su heterogeneidad, esta diversidad de signos coexiste en un espacio imaginario y contribuye a organizar el entorno de los niños. Además, como los videojuegos seleccionan y amplifican ciertos aspectos de nuestra cultura, mediatizan la comprensión que tienen los niños de la misma.

formación de valores. Y en lo que respecta al fenómeno de los juegos en red, ha dado lugar a otro campo de estudio relacionado con la perspectiva cultural y que se ocupa de analizar las comunidades culturales virtuales que se conforman a partir de la interacción entre los participantes (Lafrance, 1994; Morningstar et al. 1994).

Sin embargo, en este estudio abordamos otro aspecto que se relaciona también con la producción de pautas culturales vinculadas con los intercambios interpersonales y el establecimiento de relaciones de comunicación, pero que no focaliza aquellos que se conforman en el espacio virtual, sino que observa la dinámica que se produce en los locales públicos en donde se juega juegos en red y en los cuales se construye una relación directa y productiva con el entorno tecnocultural. Como dijimos en el capítulo precedente, se trata de caracterizar los vínculos que se generan entre las personas cuando la tecnología aparece como motivación o como parte del entorno.

A través de la aproximación compleja realizada a partir de la combinación de diferentes vías de abordaje (observación directa, entrevistas a dueños de locales, entrevistas a jugadores, encuesta a jugadores) se produjeron algunas consideraciones que presentamos en ese capítulo y que conviene retomar aquí, sintéticamente:

- El 71% de los jugadores juega habitualmente con otros y la conducta más usual es concurrir al locutorio o *ciber* acompañado por personas que integran el grupo de amigos fuera del establecimiento.
- Los videojugadores en red en general prefieren JUGAR CON AMIGOS y competir CONTRA OTROS.
- Los videojugadores en red establecen relaciones dentro del local que definen como CONOCIDOS y que se apoyan en la sensación de compartir la pertenencia a un ámbito particular.
- Los videojugadores en red establecen relaciones dentro del local que definen como AMIGOS y que se apoyan en la sensación de compartir la pertenencia a ámbito particular y en el descubrimiento de la afinidad en relación con gustos y preferencias que trascienden la práctica de los juegos.
- Los videojugadores en red valoran la construcción de relaciones de confianza que permiten realizar un juego distendido.
- Jugar en red implica conformar redes a través de la tecnología: interacción a través de la interactividad. *El juego de las redes.*

- Jugar en red implica formar redes en torno a la tecnología. Interacción a través de la interacción. *Las redes del juego.*

Es decir que lo que hemos constatado es que en estos locales, que se han caracterizado en el capítulo anterior como *territorios*, se desarrolla una intensa actividad social entendida como construcción de vínculos de distinto alcance y como intercambios intensos sobre los cuales se apoya el entretenimiento y la diversión.

Cuando se trata de analizar la relación que existe entre las prácticas de juegos en red (en tanto palie de o, incluso, puerta de entrada al entorno tecnocultural) y la formación de modalidades de sociabilidad, una de las preguntas que se plantea es aquella que interroga acerca del rol que juega la propia tecnología en relación con esas modalidades.

En un estudio anterior (Cabello, 2002) en el cual enfocábamos este mismo problema pero en vinculación con los usos de los videojuegos habíamos interpretado que los intercambios que se producían en los salones públicos eran contactos efímeros, poco comprometidos, circunscriptos al propio salón de juegos y que implicaban conversaciones referidas exclusivamente a los video games y desarrolladas habitualmente mientras por lo menos uno de los participantes estaba jugando.

Frente a esa situación entendimos que era la presencia de la tecnología de la imagen la que organizaba los términos de intercambio en la interacción que se producía en los locales públicos de videojuegos. Por un lado se observaba que la presencia de la tecnología delimitaba el espacio en el que se produce la situación de comunicación. "El territorio-local ofrece las fronteras mientras que la posición de cada máquina circunscribe el *aquí* de la conversación. Pero también establece el *ahora*, porque la conversación suele plantearse mientras se está jugando e incluso puede ser que se monte sobre el tiempo de duración del juego." Observábamos además que una vez situada la interacción, las particularidades de los juegos electrónicos y las cuestiones técnicas de las máquinas ofrecían también los motivos y temas de conversación. Pero lo que parecía más relevante era que esos mismos aspectos vinculados con la tecnología eran los que construían a los sujetos del intercambio como videojugadores que entablaban una relación desigual según el grado de destreza y el nivel de juego que cada uno alcanzaba.

Al reconocer el tipo de vínculos interpersonales que se establecía a partir de esta fuerte presencia del dispositivo técnico ensayamos una interpretación que les atribuía unos rasgos similares a los que asume la relación entre las personas y las máquinas a través de la *interactividad.* La comunicación interactiva permite que el usuario asuma un papel activo ya que puede iniciar y desarrollar acciones reales y puede incluso orientar el desarrollo de la interacción en relación con las propias necesidades y objetivos. A pesar del límite que el diseño del juego impone, los videojugadores entendían que el video game permite *hacer el juego* a través de sus posibilidades de participación. De modo que al identificar estas percepciones instalamos en aquel trabajo la presunción de que las características que asume la interacción entre esos jugadores evoca el mismo modo de funcionamiento que el de la relación con la máquina: cada uno hace sus propias jugadas, modifica el estado de cosas, dice o calla según le convenga, pero siempre dentro de ese marco que describíamos anteriormente como la definición de los términos de intercambio y que atribuíamos a la presencia de la tecnología[90].

Asimismo, las posibilidades que ofrece la interactividad tienen un papel relevante en relación con el vínculo que los videojugadores establecen con los juegos en red. Hemos presentado a lo largo de los distintos capítulos diferentes referencias que permiten sostener esa interpretación. En principio sobre la interactividad se apoya uno de los principales atractivos de este tipo de juegos: la posibilidad de competir contra otras personas. Pero hemos destacado también que los juegos que permiten la constitución de redes locales o internas, si bien no pueden incluirse dentro del tipo de los juegos de rol multijugador masivo, admiten altos niveles de participación por parte de los usuarios y es en parte en esa participación en donde se apoya la fruición del juego.

Es cierto que las personas que han sido entrevistadas o encuestadas en el marco de esta investigación realizan otros usos de tecnologías y medios informáticos. Pero hemos visto claramente que en el interior de los locales públicos el consumo principal que realizan es el de los juegos en red, al cual destinan una importantísima porción de su tiempo libre y que se constituye entonces en la principal opción efectiva de entretenimiento. De modo que resulta relevante reconocer el papel central que juega este

---

[90] Este tipo de interpretación se hacía extensiva incluso al caso de los adolescentes, de quienes ya se creía que podían usar esos locales como punto de reunión con amigos. En su caso, y a diferencia de los jugadores de mayor edad, el entretenimiento estaba vinculado también con la posibilidad de ver gente y de conversar. Se señalaba que aunque los intercambios se limitaran al material que ofrecen los propios juegos, estaba claro que al salir de sus casas, los jugadores iban en busca de situaciones de interacción. Todos los videojugadores reconocían que habían establecido relaciones en ese tipo de locales, a las que describían como contactos regulares pero poco comprometidos.

dispositivo técnico. No obstante se hace necesario señalar algunas diferencias en relación con el caso de los videojuegos.

Una forma de comenzar a poner en evidencia algunas de esas diferencias es atender al modo como se producen los procesos de apropiación de la tecnología en cada caso.

En el discurso de los videojugadores entrevistados se identificaban dos estrategias básicas para la formación de competencias para la apropiación del dispositivo: por un lado, la referencia que aparecía con más fuerza era la de la *práctica solitaria*. Ya sea en el propio local o en el hogar si se disponía de una computadora equipada con los juegos, el jugador practicaba para conocer el juego y desarrollar velocidad y pertinencia de respuesta. La otra estrategia era la de la *observación directa*. El aprendiz se dedicaba a observar a los jugadores más diestros, más avanzados porque, entre otras cosas, eso le permitía conocer pantallas, etapas del juego a las que no podía llegar aún por sus propios medios. En todos los casos el móvil y el objetivo era ganarle a la máquina, superar los límites del programa.

En cambio los videojugadores de juegos en red desarrollan estrategias que tienen características diferentes. Es cierto que una de esas estrategias es la que hemos denominado *autoaprendizaje* (Cabello, 2007) y que contemplaba al jugador como un "autodidacta" que produce su propio conocimiento sobre el juego explorándolo, ensayando y equivocándose, jugando. Es decir que aparece también, al igual que en el caso de los videojuegos, la referencia a la *práctica*. Sin embargo se impone a este respecto realizar al menos dos puntualizaciones: en primer lugar, en la zona en donde se ha realizado la investigación (especialmente en los barrios) los videojugadores que disponen de una PC en el hogar constituyen una minoría. Además, algunos de los juegos más jugados requieren un nivel de equipamiento que no siempre se corresponde con el que se dispone en las casas. Por otra parte, muchos de los jugadores que tienen PC en el hogar prefieren reservarla para usos más Funcionales y que comprometan menos las posibilidades de deterioro de sus componentes. En cuanto a quienes no tienen PC en sus casas, que constituyen el grupo más importante, el jugador está obligado a practicar en el local, si tiene dinero suficiente, delante de la presencia de otros. En rigor, la posibilidad de la práctica solitaria está casi negada por la propia naturaleza del juego que impone al menos la competencia contra otro. Y aunque el programa ofrezca la posibilidad de simular la presencia de un tercero, se ha identificado otro factor involucrado en la valoración que los jugadores hacen de la práctica y que se vincula con la dimensión de la fruición implícita en la posibilidad de aprender jugando.

Los jugadores de juegos en red eligen practicar todo el tiempo, porque saben que la práctica les permite aprender y tornarse más hábiles pero, sobre todo, porque la práctica se construye como continuidad del juego y del entretenimiento que es en general <u>con otros</u>.

Pero los videojugadores de juegos en red desarrollan una segunda estrategia para la formación de competencias para la apropiación del dispositivo que media sus prácticas. Denominamos a esa estrategia, en sentido amplio, *aprendizaje colaborativo*. Se trata de una modalidad de aprendizaje que se realiza <u>con los pares</u>: amigos o parientes de los jugadores hacen las veces de maestros desplegando una acción colaborativa que orienta la acción del que aprende: corrige errores, devela secretos, propone tácticas de juego. El jugador no necesita entonces observar al que juega mejor para tratar de aprender, puede directamente consultarlo y obtener una respuesta del otro. A juzgar por sus propias impresiones, entre los jugadores de juegos en red que concurren a los locales públicos que observamos los saberes y aprendizajes circulan de manera horizontal.

De manera que en el caso de los juegos en red el propio <u>aprendizaje resulta sociable</u>. La formación de competencias para la apropiación de las tecnologías funciona a la vez como entretenimiento y como requerimiento para entablar unos niveles más amplios de sociabilidad ya que permite entrar en la dinámica de intercambios y permanecer integrado en ella: en principio, <u>jugar con otros y contra otros</u>.

Entonces, si consideramos las modalidades de relación que los jugadores establecen con los dispositivos de juegos en red para apropiarse de ellos y se atendemos al hecho de que esas modalidades están condicionadas por las propias características de esa tecnología y de los juegos mismos, queda claro que la tecnología no organiza los términos del intercambio, sino que forma parte de ese intercambio, lo vehiculiza y los media. Es decir que no se trata de una interacción entre humanos que pueda asimilarse a la interactividad o la relación hombre-máquina, sino que se trata de una interacción entre humanos que está mediada, entre otros factores, por la interactividad. Es una relación entre humanos que se produce a través de un conjunto de relaciones hombre(s)-máquina.

Es posible que esta diferencia entre el combate a solas de un jugador (que se entrena solo y como puede) contra la máquina y la competencia entre iguales (que se entrenan colaborativamente en los propios espacios de juego) a través de y en torno a la máquina, resulte en consonancia con los contextos culturales correspondientes.

No son pocas las caracterizaciones que se han producido a propósito de lo que se dio en llamar cultura posmoderna (Lipovetsky, 1986; Jameson, 1984; Lyotard, 1987; Calabrese, 1987; Baudrillard, 1989; Vattimo, 1990). De alguna manera se trataba de reconocer los rasgos de una nueva lógica cultural manifiesta en diferentes dimensiones de la vida cotidiana entre las cuales cuentan no solamente aspectos como los señalados en el parágrafo en donde se presentó la noción de *tono de época*, sino también los modos que adoptan las relaciones interpersonales, las interacciones sociales, las variadas formas de comunicación. En ese contexto los énfasis estaban puestos sobre el interés por señalar el abandono de las concepciones totalizantes y los crecientes procesos de individualización y de corrimiento de los sujetos hacia espacios privados; el predominio de la personalización en el sentido de que se privilegia la autonomía individual y el estado personal (psicológico, saludable, estético). Desde distintos puntos de vista y con diferentes alcances se ha planteado la fragmentación de los vínculos no solamente como rasgo social (el deterioro del lazo), sino como pauta cultural muy relacionada con los procesos de comunicación cada vez más mediatizados y con el consumo de tecnologías informáticas, pero también con nuevas maneras de instalarse los sistemas de creencias (new age y otras derivaciones) y nuevos modos de relacionarse los sujetos con la política que han llevado a un corrimiento del espacio público y un abandono creciente del encuentro con otros para la acción colectiva.

El consumo de videojuegos tal como se desarrollaba en los centros urbanos argentinos en la década de 1990 parece estar claramente en consonancia con una ambiente configurado a partir de ese tipo de rasgos. En principio, en ese tipo de ámbitos el consumo en el hogar estaba muy instalado ya que, sobre todo a partir de la segunda mitad de la década, la penetración de la PC se incrementó sostenidamente en los hogares y el acceso a los videojuegos era muy sencillo (incluso algunos de ellos venían ya instalados). De modo que era muy frecuente la imagen del jugador (sobre todo los jóvenes de mayor edad) encerrado en su casa pasando cantidad de horas frente a la computadora, jugando solo. Muchos jugadores aprovechaban (o producían) recreos en el trabajo para usar la computadora laboral jugando. Aún en el caso de los videojugadores adolescentes para quienes la concurrencia al salón de videojuegos era una salida que les permitía "ver" gente, "estar" en un lugar con gente, se trataba de una actividad que implicaba un desenvolvimiento individual aunque se desplegara frente a otros.

Sin embargo, a pesar de que el desarrollo de las tecnologías de la información y la comunicación continúa en ascenso y ofrece cada vez más recursos que podrían reforzar esas tendencias brevemente descriptas párrafos atrás; aún teniendo en cuenta que los requerimientos de las dinámicas de los mercados sobre los cuales se apoya la provisión de bienes materiales y simbólicos que se consumen en esas tendencias continúan en vigencia, el modelo económico, cultural y político que pretendía instalarse a escala planetaria parece haber comenzado a mostrar ciertas fisuras. Las tensiones se profundizan y no pueden contenerse: las recetas neoliberales comienzan a ser rechazadas (tanto desde posturas funcionales como opositoras) entre otras cosas porque los niveles de pobreza continúan en aumento; las tendencias culturales globales corren el riesgo de volverse nuevamente totalizantes y son resistidas desde una estética que proclama el respeto por la diversidad y la personalización al mismo tiempo y que es distribuida por las industrias culturales entre los sectores medios de las sociedades urbanas; la política intenta resignificarse como expectativa de nuevo posicionamiento frente a un orden internacional que cambia a medida que se reordenan los liderazgos económicos y como ilusión de control de potenciales desbordes sociales ocasionados por una polarización cada vez más profunda, incluso en regiones del mundo más favorecidas. Poco a poco, aún con una trama social deteriorada, se vuelve a las calles, se recuperan los espacios públicos, se arreglan las plazas, se montan escenarios. Las ciudades se reacomodan para favorecer cierta circulación: crecen las áreas urbanas destinadas a la gastronomía y el entretenimiento, se ensanchan las veredas, se iluminan los parques.

Es cierto que hay otras tensiones que se derivan de las desigualdades que zanjan cada vez más profundamente a nuestras sociedades periféricas. El campo de estudios de comunicación ha desarrollado un sinnúmero de trabajos en los que se analizan las diferencias en los consumos de productos culturales masivos; en los procesos de producción de sentido en general; en los procesos de apropiación de tecnologías de la información y de la comunicación. Diferencias culturales, sociales, geográficas que repercuten en distintos modos de experimentar y estar condicionado por esto que se ha tematizado como tono de época.

Pero también se observa que en el contexto de esas nuevas dinámicas los productos que se desarrollan y se distribuyen en los mercados de las telecomunicaciones y de las industrias culturales circulan de manera cada vez más transversal a los distintos segmentos de las poblaciones urbanas y periurbanas. Y podría esbozarse la presunción de que uno de los rasgos sobre los cuales se apoya el éxito de esa transversalidad es el del imperativo de la comunicación. El desarrollo y difusión de los cada vez más sofisticados y complejos dispositivos de telefonía celular podrían oficiar como principal evidencia de esa tendencia. Permiten comunicarse con otros a través de múltiples lenguajes y modalidades de expresión: a través de la voz, a través de textos escritos, a través de imágenes, a través de sonidos grabados. El chat, el fotolog, el weblog, el correo electrónico, constituyen ofertas tecnológicas que por el solo hecho de estar disponibles estimulan la conformación de redes de comunicación. El desarrollo de la televisión digital interactiva apunta a esa misma dirección: ofrecer a los televidentes la posibilidad de comunicarse, de *estar* en el medio más que solamente recibirlo. Independientemente del contenido de los mensajes que se producen (no porque no resulte relevante ese contenido sino porque no se está considerando en la presente descripción) los productos que sostienen el entorno tecnocultural invitan a estar en contacto con otros.

En ese contexto puede entenderse que los desarrolladores de videojuegos hayan comprendido la necesidad de ofrecer nuevas posibilidades de entretenimiento a los usuarios ya clásicos y a los nuevos usuarios. Porque los adolescentes disfrutan su relación a solas con la computadora haciendo una cantidad de usos diversos. Pero también buscan y disfrutan, sobre todo en ámbitos como los explorados en esta investigación, la posibilidad de juntarse y comunicarse con sus pares para jugar, entretenerse y divertirse.

En el caso de la práctica de jugar en red en los salones públicos de esta zona de la periferia urbana, el juego mismo resulta de la combinación entre el propio juego electrónico y las conversaciones y los intercambios que se generan entre los jugadores y observadores de esos juegos en torno de los mismos. En el juego así concebido, el lenguaje aparece como un componente esencial, es constitutivo de la actividad social más que auxiliar de la misma. A través de diferentes modos (imágenes, sonidos, lenguaje oral) se construyen y vehiculizan temas que se relacionan tanto con los mismos juegos como con otros campos de sentido propios de las culturas juveniles, barriales, sociales. Prácticas, temas, terminologías, modalizaciones que construyen al juego y el entretenimiento como un universo de comunicación y acción colectiva que se torna más atractivo cuanto más convocante e inclusivo resulta.

Dijimos que caracterizar a las prácticas de consumo de los juegos en red en los locales públicos observados implica concebir una configuración que combina el juego de las redes y las redes del juego. Jugar en red es conformar vínculos a través de la tecnología y en torno de ella.

Si la pregunta que queda pendiente es si se trata de nuevas modalidades de sociabilidad, se puede afirmar que NO. Antes bien, los adolescentes parecen apropiarse de las ofertas y posibilidades que el entorno tecnocultural pone a su disposición para recuperar y revitalizar clásicas maneras de *estar con el otro* para disfrutar y sentirse bien.

Posfacio

Sí, como argumenta Steven Johnson, las formas más descalificadas del entretenimiento popular –como las series violentas de TV, los reality shows y los videojuegos– son un alimento sustancioso para nuestro cerebro, estamos ante un proceso de cambio de los paradigmas con los que habitualmente juzgamos este tipo de productos de la cultura de masas.

El mismo Johnson sostiene que estos productos "ofrecen un riguroso entrenamiento cognitivo y las habilidades mentales que desarrollan hoy son tan importantes como las que se ejercitan al leer libros".

Es cierto que la gente está cansada de ser sermoneada por la academia con que la cultura popular los está estupidizando. Johnson da vuelta esta argumentación y señala que en las últimas décadas, dado que la cultura popular asume cada vez mayor complejidad, el intento de entenderla supone un desafío intelectual más importante. Sostiene que en lugar de vivir en una sociedad crecientemente infantilizada por la cultura de masas, estamos viviendo los efectos de una sociedad crecientemente sofisticada y demandante. El ejercicio que presenta el uso de Internet, los juegos electrónicos, o entender los nuevos programas de televisión, e incluso el cine, sostiene Johnson desde una perspectiva que despierta polémica, explica en parte por qué el coeficiente intelectual de las nuevas generaciones de norteamericanos está subiendo. Esto supone que algo ha cambiado en las mentes de las personas ya que juegos y narrativas que hubieran sido consideradas demasiado complicadas para una audiencia masiva treinta años atrás ahora atraen a millones de entusiastas.

Ahora bien, suponiendo que este artista de la polémica tuviera razón, para poder estructurar una argumentación científica sobre este tema, lo que nos hace falta es una nueva forma de medir el valor social de este tipo de entretenimiento. "Una forma de medir que se centre menos en el contenido del programa y más en lo que nuestro cerebro hace con él." Y continúa Johnson diciendo que "la presencia del pasado reciente inevitablemente colorea nuestra visión", agrandando las fallas e imperfecciones de estos nuevos productos culturales. Al igual que los cómics, los programas de televisión y otros productos masivos, los videojuegos han sido evaluados a partir de las convenciones tradicionales de la lectura. Las preguntas que se han generado no han sido las que el nuevo lenguaje puede disparar, sino otras asociadas, por ejemplo, con la novela: ¿son los personajes creibles? ¿Es el diálogo complejo? De este modo se hace imposible sopesar su valor propio.

Roxana Cabello, en este libro, desde un entorno cultural y social evidentemente distinto del Brooklyn desde donde polemiza Johnson, nos ha propuesto una mirada acreditada y aguda sobre los videojuegos en red, aportando metodología para evaluar de manera más adecuada lo que los jóvenes hacen con los videojuegos y cómo estos influyen en su interacción social.

Evidentemente los juegos no son clásicos de la literatura como *El Quijote*. Sostiene Johnson que son como problemas matemáticos, de lógica. Entre los distintos estudios que parten de hipótesis relacionadas con cierto *impacto favorable* o *beneficios* de los videojuegos –algunos de los cuales se analizaron en el primer capítulo de este libro– el enfoque de este autor estadounidense se destaca por el alcance que adjudica a este tipo de prácticas. Para instalarse en el universo cognitivo, señala directamente que estos juegos son fundamentalmente buenos para el cerebro ya que enseñan las habilidades abstractas de la probabilidad y del reconocimiento de patrones, y también favorecen la comprensión de relaciones causales que pueden aplicarse a diversas situaciones, tanto personales como profesionales. Una de las observaciones sobre las cuales apoya estas impresiones es la que adjudica a ciertos trabajos científicos recientes que demuestran que el cerebro humano se ve atraído por los sistemas en los cuales las recompensas están claramente definidas y que se logran a través de la exploración y el uso de un ambiente, y este factor exploración, dice, es clave para entender el atractivo de los nuevos videojuegos.

Mucha agua ha corrido desde aquellos primeros videojuegos de la *Commodore* 64 o del *Pacman*, juegos sencillos en los que las reglas eran claras y simples. En los nuevos videojuegos, por el contrario, el joven debe ir descubriendo las reglas a medida que se avanza. Es por eso que Johnson advierte que "No existe ninguna otra forma de cultura popular que ejercite al cerebro de manera tan directa en la toma de decisiones". Cuando los chicos juegan videojuegos, dice, se ven ante la situación de anticipar las consecuencias de sus acciones, evaluando estrategias de corto y largo plazo que permitan reducir el margen de error. Y esto no se ve de manera tan rigurosa en ningún juego tradicional, como policías y ladrones, aunque los adultos no parezcan reconocerlo.

Al presentar aquí la peculiar visión de Johnson, no pretendo eludir una de las críticas más severas que se hacen a este tipo de juegos: la violencia y las referencias sexuales que existen en sus contenidos, como en el caso del popular *Counter-Strike* del que habla Cabello en su investigación. Para ejemplo del tipo de alcance que algunas posturas han llegado a atribuir a estos contenidos basta recordar el caso de Devin Moore de Alabama, Estados Unidos, que tenía 18 años cuando asesinó a tres policías que lo habían detenido por manejar un auto robado. Dicen que al ser detenido afirmó: "La vida es como un videojuego. A veces uno tiene que morir". Los abogados que representan a los familiares de sus víctimas preparan una demanda contra la compañía que desarrolló un popular videojuego sobre robos de autos, *Grand Theft Auto: Vice City*, y contra Sony Computer Entertainment, fabricante de PlayStation. El argumento de la demanda es que Moore, un adicto a ese videojuego (idea que también se ha discutido en este libro), aprendió a través de ellos a matar.

Por supuesto que este debate no está cerrado y, desde las experiencias de Albert Bandura en Palo Alto en 1961, existe una enorme bibliografía al respecto en la que seguramente encontraremos media biblioteca de cada lado de la controversia sobre la violencia en la sociedad y los medios de comunicación. La pregunta entonces sigue presente: ¿cuáles son los efectos de los videojuegos sobre el cerebro?

¿Nos estamos volviendo más inteligentes como afirma Johnson? Hay algunas investigaciones que sustentan esa idea. Shawn Green y Daphne Bavelier, de la Universidad de Rochester en Nueva York, Estados Unidos, mostraron que los jugadores habituales de videojuegos mejoran su atención visual, volviéndose capaces de procesar más información. Pero también, algún lector esgrimirá las investigaciones que siguen correlacionando reacciones violentas con altos consumos de TV y videojuegos.

Ahora bien, existe una generación que nació y creció con el avance tecnológico incorporado a su vida cotidiana y, por ende, a su manera de comunicarse. ¿Qué consecuencias tendrá esto en la evolución de la humanidad? Difícil respuesta. Ni Roxana Cabello ni quien esto escribe pertenecemos a esta generación de "nacidos y criados" en un entorno fuertemente dominado por las tecnologías de la información y de la comunicación, sin embargo hacemos esfuerzos por comprenderlos y tratar de equilibrar nuestras observaciones para, en términos de Umberto Eco, no caer en discursos apocalípticos o fuertemente integrados.

Es evidente que, en palabras del Dr. Alfonso Nieto de la Universidad de Navarra, estos jóvenes escuchan más que ven, y ven más que leen. Hoy se lee poco, se ve bastante y se escucha mucho. ¿Qué pasará cuando las computadoras mejoren los sistemas de reconocimiento del lenguaje hablado? Seguramente leer y escribir a mano alzada se transformarán en actividades complejas para el ciudadano medio.

Otro de los aspectos más estudiados en estos últimos años es el problema que plantea el ingente volumen de información con el que nos topamos a diario a través de la Internet. Una primera impresión nos diría que esto está aumentando la dispersión y la falta de concentración en los usuarios, pero estudios realizados por Pam Briggs, profesora de Psicología Cognitiva Aplicada en la Universidad de Northumbria, han demostrado que la gente que navega en la Web en busca de información con frecuencia pasa menos de dos segundos en un sitio antes de pasar a otro. Y esto parece más bien un signo de análisis incisivo que de concentración limitada. "Descubrimos que los sitios que las personas rechazaron en ese lapso tan breve eran los que no resultarían útiles a largo plazo", afirma.

No puedo, ni debo, decir a dónde nos está conduciendo este entorno cada vez más tecnológico, sí puedo, en cambio, afirmar que estos cambios recién están en una primera etapa. Me gusta esta frase de Nick Bostrom, director del Instituto del Futuro de la Humanidad de la Universidad de Oxford, que resume adecuadamente la incertidumbre en la cual se desenvuelve toda investigación sobre nuevas tecnologías: "Algo tan generalizado como nuestra diaria interacción con computadoras inevitablemente ejerce un efecto significativo. En cierto sentido, estamos haciendo un experimento en gran escala. Estamos educando a toda una generación en este contexto totalmente nuevo... sin ninguna evidencia sólida de lo que les ocurrirá después."

Obviamente que todo este "paraíso tecnológico" descripto puede hacernos olvidar el problema de la igualdad de oportunidades en el acceso a la Internet. Esta brecha es, sin lugar a dudas, uno de los desafíos de este nuevo milenio para países periféricos como el nuestro. Como sostiene la Dra. María Teresa Baquerin, alcanzar esta igualdad de oportunidades "lo mismo que una educación básica asegurada permitirán una distribución más homogénea del conocimiento".

Bienvenido entonces este texto agudo y exhaustivo que nos trae Roxana Cabello, el cual desde mi punto de vista habrá de ser un libro de cabecera para todo aquel que quiera investigar sobre el impacto de los videojuegos en la sociedad.

Dr. Federico Rey Lennon
Buenos Aires, 19 de septiembre de 2007

Bibliografía: Steven Johnson, *Everything bad is good for you: how popular culture is making us smarter* ("Todo lo malo es bueno para ti: cómo la cultura popular nos está haciendo más inteligentes"), London, Penguin Books, 2005 ; "Los videojuegos son buenos para el cerebro", entrevista a Steven Johnson realizada por Juana Libedinsky, *La Nación*, 27.07.05, Cultura, p.1; Helen Phillips, "La TV y los videojuegos, en debate ¿La tecnología nos hace más inteligentes?", *New Scientist / La Nación*, 29.04.07, Ciencia/Salud, p.1; Richard Woods, "Vidas digitales", *Revista La Nación*, 10.12.06; María Teresa Baquerin de Riccitelli, *Cerca o Lejos de Internet*, Bs. As., EDUCA, 2007.

Bibliografía general

Adorno, T. Y Horkheimer, M., (1997): *Dialéctica del Iluminismo*, Buenos Aires, Ed. Sudamericana, 1 ra. Edición 1944.

Aprea, G. (2007): "Sobre algunos conceptos que permiten abordar el estudio de los juegos en red", en Cabello, R. (comp.), *Ciberjuegos. Escritos sobre usos y representaciones de los juegos en red*, Buenos Aires, UNGS, en imprenta.

Austin, J. (1962): *How to do things with words.* Oxford, Oxford University Press.

Ausubel, D.P., (1963): *The Psicology 01 meaningful Verbal Learning*, New York, Grune and Stratton.

Balaguer, R. (2002): "Videojuegos, Internet, Infancia y Adolescencia del nuevo milenio", Revista *KAIROS*, año 6, N° 10.

Barthes, R. (1970): *Elementos de semiología*, Madrid, comunicación Alberto Corazón.

Baudrillard, J. (1990): "Videosfera y sujeto fractal", en AA VV, *Videoculturas de fin de siglo*, Madrid, Cátedra, 1ra. Ed. 1989.

Bauman, Z. (2003): *Modernidad Líquida*, Buenos Aires, FCE, Ira. Ed. 2000.

Benjamin, W. (1989): "La obra de arte en la era de su reproductibilidad técnica", en *Discursos Interrumpidos* 1, Madrid, Taurus.

Berger, P. y Luckmann, T. (1986): *La construcción social de la realidad*, Buenos Aires, Amorrortu Ed., (1 ra. Ed. En castellano, 1968).

Berger, P. y Luckmann, T. (1997): *Modernidad, pluralismo y crisis de sentido. La orientación del hombre moderno*, Barcelona, Paidós. Berger, P. y Luckmann, T., *Modernität, Pluralismos und Sinnkrise. Die Orientierung des Modern Menschen*, Gütersloh, Verlag Bertelsmann Stiftung, 1995.

Bettetini, G. y Colombo, F. (1995): *Las nuevas tecnologías de la comunicación*, Barcelona, Paidós.

Biddle, B. y Anderson, D. (1989): "Teoría, métodos, conocimiento e investigación sobre la enseñanza" en, Wittrock, M., *La investigación de la enseñanza I*. Enfoques y teorías, Barcelona, Paidós.

Boscherini, F. y Yoguel, G., (2000): "Aprendizaje y competencias como factores competitivos en el nuevo escenario: algunas reflexiones desde la perspectiva de la empresa", en Boscherini, F. y Poma, 1. (comp) *Territorio, conocimiento y competitividad de las empresas. El rol de las instituciones en el espacio global*, Madrid, Miño y Dávila Editores.

Bourdieu, P. (1990): *Sociología y cultura*, México, Grijalbo, 1 ra. Ed. 1984.

Buch, T. (2004): *Tecnología en la vida cotidiana*, Buenos Aires, Eudeba.

Buchman, D. & Funk, J. B., (1996): "Video and computer games in the 90s. Children report time commitment and game preferences", *Children today*, 31, 12-15.

Cabello, R. (1998): "¿Multicultural electrónica? Estudio sociocultural sobre el impacto de la TV por cable en Argentina", en *Revista Temas y Problemas de Comunicación*, Año 6, vol .8, pp.35-46.

— (1999a): *Nuevas Tecnologías de la Imagen: impacto socio-cultural en el ámbito del esparcimiento. El consumo de video juegos en locales públicos*, informe de investigación, IDICSO-USAL.

— (1999b): *Hijos de la TV por cable. Hacia un estudio longitudinal sobre los usos de la TV*, ponencia presentada en la Jornada sobre 50 años de la Televisión en Argentina, Universidad de Buenos Aires.

— (2002): "Cultura De Fichin. Sobre consumo de Videojuegos en locales públicos", en Filc, J. (comp), *Territorios, itinerarios, fronteras. La cuestión cultural en la región metropolitana de Buenos Aires*, Buenos Aires, UNGS y Ed. Al Margen.

— (2004): "Videojuegos y Juegos en Red. Notas para explorar la continuidad", en *Revista Comunicación y Pedagogía*, Barcelona, Nro. 199, pp.59-64.

— (coord) (2006): *"Yo con la computadora no tengo nada que ver. Un estudio sobre la relación entre los docentes y las tecnologías informáticas"*, Buenos Aires, UNGS y Prometeo.

— y Moyano, R., (2006): "TIC y Educación: la cuestión de las competencias tecnológicas de los docentes de EGB", en Borello, J., Robert, V. y Yoguel, G. (comps), *La informática en Argentina*, Buenos Aires, UNGS y Prometeo, pp. 263-276.

— y Moyano, R. (2006): "Competencias digitales en la educación básica", en Revista *Gobierno Digital*, Nro. 7, pp.44-48.

— (2007) "Sobre sociabilidad y otras formas de estar con el otro. Intercambios en torno a los juegos en red", en Quintar, A. y Calello, T. (comp), *Los usos de las TIC. Una mirada Multidimensional*, Prometeo y UNGS.

— (2007) "Sobre Juegos en Red, competencias tecnológicas y aprendizaje", en Cabello, R. y Levis, D. (editores) *Medios informáticos en la educación/a principios del siglo XXI*, Buenos Aires, Prometeo.

— (2008) "Sobre los usos de los juegos en red en áreas periurbanas de Buenos Aires", en *Revista Latinoamericana de Ciencias de la Comunicación*, Nro. 6, enero de 2008, ALAIC, Sao Paulo, pp. 176-185.

Calabrese, O. (1989): *La era neobarroca*, Madrid, Cátedra.

Cantú, A. y Cimadevilla, G., (1998): "Orientación, Consumo, Recepción y Uso de los Medios. Una propuesta de articulación conceptual", en *Revista Brasileira De Ciencias Da Comunicaçao*, Vol. XXII, Nro. 2., julho-dezembro de 1998, Sao Paulo. Págs. 41-54.

Castells, M. (1996): *La era de la información Vol. 1: La sociedad red* (The rise of network society), Madrid, Alianza.

— (1997): *La era de la información: Economía, sociedad y cultura*, Madrid, Alianza.

Christie, F. Y Unsworth, L., (2000): "Developing socially responsible language research". En: Unsworth, 1. (ed). *Researching Language in Schools and Communities*. Functional Linguistic Perspective. London, Cassell. Traducción: Estela Inés Moyano.

Cimadevilla, G. (1998): "La comunicación entre dudas, paradojas y algunas razones siempre provisorias", en *Revista Temas y Problemas de Comunicación*, Año 6, vol. 8, pp.91-98.

Colombo, F. (1995): "La comunicación sintética", en Bettetini, G. y Colombo, F., *Las nuevas tecnologías de la comunicación*, Barcelona, Paidós.

Darley, A. (2002): *Cultura visual digital. Espectáculo y nuevos géneros en los medios de comunicación*, Buenos Aires, Paidós.

De Salles Oliveira, P., (1986): "As casas de diversoes eletronicas", en *Revista Intercom* Nro.55, Sao Paulo, Loyola.

Descombes, V. (1979): *Lo mismo y lo otro*, Madrid, Cátedra.

De Souza Minayo, M. C. (1997): *El desafío del Conocimiento. Investigación cualitativa en salud*, Buenos Aires, Lugar Editorial.

Doval, L. (1999): *Tecnología. Más acá de la computadora*, Buenos Aires, Santillana, 1 ra. Ed. 1998.

Durkheim, E. (1964): *The Elementary Forms of Religious Life*, London, George Allen and Unwin, Ud.

Eggins, S. (1994): *An Introduction to Systemic Functional Linguistics*, London, Pinter.

Elias, N. (1979): *El proceso de la civilización. Investigaciones sociogenéticas y psicogenéticas*, México, Fondo de Cultura Económica.

Etxeberria, F. (2004): "Niños, pantallas y violencia", en *Revista Comunicación y Pedagogía*, Nro.199, Barcelona, pp.66-70.

Feldman, S. y Murmis, M. (2002): "Las ocupaciones informales y sus formas de sociabilidad: apicultores, albañiles y feriantes", en AA VV, *Sociedad y sociabilidad en la Argentina de los 90*, Buenos Aires, UNGS y Biblos, pp.171-222.

Fernández Lobo, I., (2004): "Herramientas para la creación de videojuegos", en *Revista Comunicación y Pedagogía*, Nro. 199, Barcelona, pp. 71-77.

Ford, A. (1996): *Navegaciones. Comunicación, cultura y crisis*, Buenos Aires, Amorrortu, 1 ra. Ed. 1994.

Gaitán Moya J. y Piñuel Raigada, J. (1995): *Metodología General. Conocimiento científico e investigación en la comunicación social.*, Madrid, Síntesis.

— (1998): *Técnicas de investigación en comunicación social. Elaboración y registro de datos*, Madrid, Síntesis.

García Canclini, N. (1991): "El consumo sirve para pensar", en *Dia-logos de la comunicación*, N° 30, Lima.

— (1992): "Los estudios sobre comunicación y consumo: el trabajo interdisciplinario en tiempos neoconservadores", en *Dia-logos de la comunicación*, N° 32, Lima.

Gayol, S (2000): Sociabilidad en Buenos Aires: hombres honor y cafés 1862-1910, Buenos Aires, UNGS.

Giddens, A. (1987): *Las nuevas reglas del método sociológico*, Buenos Aires, Amorrortu.

Glaser, B. Y Strauss, A., (1967): *The discovery of grounded theory. Strategies for qualitative research*, New York, Aldine Publishing Company.

Goffman, E. (2001): *La presentación de la persona en la vida cotidiana*, Buenos Aires, Amorrortu, 1 ra. Ed. 1959.

González Bernaldo, Pilar (comp) (2003): "Sociabilidad, espacio urbano y politización en la ciudad de Buenos Aires (1820-1852)", en Sábato, Hilda y Lettieri, Alberto (comps) *La vida política en Argentina del S XIX*, Buenos Aires, FCE, pp.173-190.

González Bombal, Inés (2002): "Sociabilidad en clases medias en descenso: experiencias en el trueque", en AA VV, *Sociedad y sociabilidad en la Argentina de los 90*, Buenos Aires, UNGS y Biblios, pp.97-136.

González Gartland, G. (2007): "Sobre lo lúdico en relación con los usos de los juegos en red", en Cabello, R. (comp.), *Ciberjuegos. Escritos sobre usos y representaciones de los juegos en red*, Buenos Aires, UNGS, en imprenta.

González, J. A., (1999): "Tecnología y percepción social: evaluar la competencia tecnológica", en Revista *Culturas Contemporáneas*, Volumen V, N° 9, Junio.

Group F9, (2004): "Videojuegos y comunicación: nuevas formas de interacción y participación", en *Revista Comunicación y Pedagogía*, Nro.199, Barcelona, pp.46-49.

Guattari, F., (1995): *Cartografías del deseo*, Buenos Aires, La Marca.

Guba, E. G. y Lincoln, Y. S., (1994): "Competing Paradigms in Qualitive Research", en Denzin, N.k. y Lincoln, Y. S (eds), *Handbook of Qualitive Research*, California, Sage Publications.

Habermas; J. (1982): *Conocimiento e interés*, Madrid, Taurus.

— (1999): *Teoría de la acción comunicativa*, Madrid, Taurus, Tomo 1 1ra. Ed. 1981.

Halliday, M.A.K, (1982): *El lenguaje como semiótica social. La interpretación social del lenguaje y del significado*, Buenos Aires, FCE, 1 ra. Ed. 1978.

(1985): *An Introduction to Functional Grammar*, London, Arnold.

Hamon, P., (1991): *Introducción al análisis de lo descriptivo*, Buenos Aires, Edicial.

Herz, J.C., (1997): *Joystick Nation: How Videogames Ate Our Quartes, Won Our Hearts, and Rewired Our Minds*, New York, Michel Prietsch Editor.

Husserl, E. (1983): *Ideas relativas a una fenomenología pura y una filosofía fenomenológica*, México, FCE, (1 ra. Ed. En alemán, 1913).

Informe Sistema Nacional de Consumos Culturales (2005), Buenos Aires, Secretaría de Medios de comunicación, Jefatura de Gabinete de Ministros, Presidencia de la Nación.

Jameson, F., (1984): "Posmodernism or the culturallogic of late capitalism", *New life review, 146*, pp.53-92.

Informe de Telefónica de Argentina (2004): *La sociedad de la información en la Argentina. Presente y perspectivas 2004/2006*, Buenos Aires.

Klimovsky, G. e Hidalgo, C., (1998): *La inexplicable sociedad. Cuestiones de epistemología de las ciencias sociales*, Buenos Aires, AZ Editora.

Jonhson y Jonhson (1992): *Cooperative learning increasing*, Washington D.C., College Faculty, ERIC Digesl.

Katz, E.; Blumler, J.G. y Gurevitch, M., (1974): "Uses and Gratifications Research" en *Public Gpinion Quartely*, vol.37, Nro.4.

Kessler, G. (2002): "De proveedores, amigos, vecinos y 'barderos': acerca del trabajo, delito y sociabilidad en jóvenes del Gran Buenos Aires", en AA VV, *Sociedad y sociabilidad en la Argentina de los 90*, Buenos Aires, UNGS y Biblios, pp. 137-170.

Kurzweil, T. (1999): *La era de las máquinas espirituales*, Barcelona, Planeta.

Lafrance, J. P., (1995): "La epidemia de los videojuegos. Epopeya de una industria", en *Telos. Cuadernos de Comunicación, tecnología y Sociedad*, Nro.42, Madrid, Fundesco, pp.121-134.

Landi, O. et. Al, (1990), *Públicos y consumos culturales de Buenos Aires*, Buenos Aires, CEDES.

Lazarsfeld, P y Merton, R., (1944). *The people's choice. How the voter makes up his mind in a presidential campaign*, New York, Columbia University.

Lazarsfeld, P., (1953): "La campaña electoral ha terminado", en *Public Opinion Quartely*, Nro.53.

Legislación Nacional (2005) Ley 26.043: Leyenda que deberán llevar los envases en que se comercialicen los videojuegos, sanción: 1° /612005; promulgación:151712005; publicación: *181712005*.

Levis, D. (1997): *Los videojuegos, un fenómeno de masas. Qué impacto produce sobre la infancia y la juventud la industria más próspera del sistema audiovisual*, Barcelona, Paidós.

— (1999): *La pantalla ubicua*, Buenos Aires, La Crujía.

— (2002): "Videojuegos: cambios y permanencias", en *Revista Comunicación y Pedagogía*, Nro.184, Barcelona.

— (2004): "Videojuegos: lenguajes detrás del juego", en *Revista Comunicación y Pedagogía*, Nro.199, Barcelona, pp.42-45.

Lévy, P. (1997): *La cibercultura, ¿el segundo diluvio?*, Barcelona, UOC-Proa.

— (1999): *Cibercultura.*, Silo Paulo, Editora 34.

— (2000): *Las tecnologías de la inteligencia. El futuro del pensamiento en la era informática*. Buenos Aires, Edicial, 1 ra. Ed. 1992.

Lindlof, T., (1995): *Qualitative Communication Research Methods*, Thousand Oaks, Sage Publications.

Lipovetsky, G, (1986): *La era del vacío. Ensayos sobre el individualismo contemporáneo*, Barcelona, Anagrama.

Lyotard, J. F. (1987): *La condición posmoderna*, Madrid, Rei.

Martín, J.R., (1992): *English Text :system and structure*, Amsterdam, Benjamins.

Martín, J.R. & Rose, R. (2003): *Working whith Discourse. Meaning beyond the clause*, London, Continuum.

Martín Barbero, J (1990): "De los medios a las prácticas", en Orozco Gómez, G. (coord.) *La comunicación desde las prácticas sociales. Reflexiones en torno a su investigación*, México, Universidad Iberoamericana.

— (2002): "Tecnicidades, identidades, alteridades: des-ubicaciones y opacidades de la comunicación en el nuevo siglo", en *Revista Diálogos de la comunicación*, Nro.64, nov., pp.9-24.

Marsellesi, JB. y Gardini, B., (1979): *Introducción a la sociolingüística. La lingüística social.*, Madrid, Greos.

Mata, M. C. (1993): "El consumo desde una perspectiva crítica", en *Revista Comunicación*, Est. Venezolanos de Comunicación, 1 er. cuatrimestre.

Mattelart, A. y Mattelart, M. (1997): *Historia de las teorías de la comunicación*, Barcelona, Paidós, 1 ra. Ed. 1995.

Maxwell, J. A. (1996): *Qualitive research design. An interactive approach*, New York, Sage publications.

Mc Luhan, M., (1985): *La Galaxia Gutemberg*, Barcelona, Planeta, 1 ra. Ed. 1962.

— (1996): *Comprender los medios. Las extensiones del ser humano*, Barcelona, Paidós, 1 ra. Ed. 1964.

y Fiore, Q., (1987): *El medio es el masaje. Un inventario de efectos*, Barcelona, Paidós, 1 ra. Ed. 1967.

Merleau Ponty, M. (2000): *Fenomenología de la percepción*, Barcelona, Península, (1 ra. Ed., *Phénomenólogie de la perception*, París, Gallimard, 1945).

Morales Velázquez, C., (1999): "Inteligencia, medios y aprendizaje", en *Tecnología y comunicación educativas*, año 13, Nro.29, pp. 17- 29.

Moyano, R. (2006): "Competencias tecnológicas percibidas por los docentes del Partido de Malvinas Argentinas", en Cabello, R. (coord.) *Yo con la computadora no tengo nada que ver. Un estudio sobre la relación de los docentes con las tecnologías informáticas*, Buenos Aires, Prometeo y UNGS, pp.209-254.

Murmis, M. y Feldman, S. (2002): "Formas de sociabilidad y lazos sociales", en AA VV, *Sociedad y sociabilidad en la Argentina de los 90*, Buenos Aires, UNGS y Biblios, pp.13-26.

Negroponte, N., (1995): *Ser Digital*. Buenos Aires, Atlántida.

Noble, D. (1999): *La religión de la tecnología. La divinidad del hombre y el espíritu de invención*, Barcelona, Paidos, 1 ra. Ed. 1997.

Orozco Gómez, G. (1996): *La investigación en comunicación desde la perspectiva cualitativa*, La Plata, UNLP.

Petracci, M. y Kornblit, A L. (2004): "Representaciones sociales: Una teoría metodológica pluralista", en Kornblit, A L. (coord.), *Metodologías cualitativas en ciencias sociales. Modelos y procedimientos de análisis*, Buenos Aires, Biblos.

Piscitelli, A. (1995): *Ciberculturas en la era de las máquinas inteligentes*, Buenos Aires, Paidós.

Postman, N. (1970): "The Reformed English Curriculum" in AC. Eurich, ed., *High Schoo11980: The Shape of the Future in American Secondary Education* (1970).

Rausell Köster, C. (2005): "A propósito del discurso interactivo", en *Analisi* 32, Barcelona, pp 147-161.

Renaud, A. (1990): "Comprender la imagen hoy. Nuevas imágenes, nuevo régimen de lo visible, nuevo imaginario", en A.AV.V. *Videoculturas de Fin de Siglo*, Madrid, Cátedra, 1ra. Ed. 1989.

Rey Valzacchi, J., (1998): *Internet y educación/ Aprendiendo y enseñando en los espacios virtuales*, Buenos Aires, Horizonte.

Revuelta Domínguez, F (2004): "Los juegos-web y el ocio electrónico, un nuevo reto para la pedagogía del ocio", en *Revista Comunicación y Pedagogía*, Nro.199, Barcelona, pp.51-57.

Rodríguez Silva, J. y otros (2005): *Competencia como superación en los Juegos en red*, ponencia presentada en la II Jornada Anual de Investigación en Comunicación de la UNGS, Los Polvorines, 6 y 7 de diciembre de 2005.

Romano, V. (1998): *El Tiempo y el Espacio en la Comunicación. La Razón Pervertida*, Guipúzcoa, Iru.

Sarlo, B. (1994): *Escenas de la vida posmoderna*, Buenos Aires, Ariel.

Schramm, Lyle y Parker (1961): *Television in the Lives of Our Children*, Standford, Standford University Press.

Sennet, R. (1978): *El declive del hombre público*, Barcelona, Península.

Shutz, A. y Luckmann, T. (1977): *Las estructuras del mundo de la vida*, Buenos Aires, Amorrortu, Shutz, A. y Luckmann, T., *The structures of Life-World*, New York, Ilse Schutz y Thomas Luckmann, 1973.

Simmel, G. (2002): *Sobre la individualidad y las formas sociales*, Buenos Aires, UNQui.

— (ed.) (2003): *Cuestiones fundamentales de sociología*, Barcelona, Gedisa.

Steimberg, O. y Traversa, O., (1997): *Estilo de época y comunicación mediática*, Buenos Aires, Atuel

Svampa, M. (2002): "Las nuevas urbanizaciones privadas. Sociabilidad y socialización: la integración hacia arriba", en AA VV, *Sociedad y sociabilidad en la Argentina de los 90*, Buenos Aires, UNGS y Biblios, pp. 55-96.

Taylor, S.J. y Bodgan, R., (1996): *Introducción a los métodos cualitativos de investigación*, Barcelona, Paidós, pp. 16 (1ra. Ed. 1984).

Telefónica de Argentina, (2005): *La sociedad de la información en Argentina. Presente y perspectivas 2004/2006*, Buenos Aires.

Turkle, S. (1995): *La vida en la pantalla. La construcción de la identidad en la era de Internet*, Barcelona, Paidós, 1ra. Ed. en castellano 1997.

Vasilachis de Gialdino, I. (1993): *Métodos cualitativos I. Los problemas teórico-epistemológicos*, Buenos Aires, CEAL.

Vattimo, G. (1990): *La sociedad transparente*, Barcelona, Paidós, 1ra. Ed. 1989.

Vázquez, H. (1994): *La investigación sociocultural*, Buenos Aires, Biblos.

Verón. E. (2001): *El cuerpo de las imágenes*, Madrid, Catedra.

Vieytes, R. (2004): *Metodología de la investigación en organizaciones y sociedad*, Buenos Aires, Editorial de las Ciencias.

Virilio, P, (1989): *La Máquina de Visión*, Madrid, Catedra.

(1990): "El último vehículo", en AA VV, *Videoculturas de fin de siglo*, Madrid, Cátedra.

— (1996): *El arte del motor*, Buenos Aires, Manantial.

— (1999):, *La bomba informática*, Madrid, Cátedra, 1ra. Ed. 1998.

Vittadini, N. (1995): "Comunicar con los nuevos *media*", en Bettetini, G. y Colombo, F., *Las nuevas tecnologías de la comunicación*, Barcelona, Paidós, 1 ra. Ed. 1993, pp. 103-176.

Vizer, E. (2003): "Ciencias de la comunicación: ¿qué 'cultura institucional y disciplinaria'. estamos construyendo?" En *Revista Fronteiras-estudios midiáticos*, Vol V Nro.2, pp.9-24.

Williams, R., (1992): "Tecnologías de la comunicación e instituciones sociales", en Williams, R. (comp.) *Historia de la comunicación. Vol.2 De la imprenta a nuestros días*, Barcelona, Bosch.

Wilson (1995): *Cómo valorar la calidad de la enseñanza*, Madrid, Paidós.

Wittgenstein, L. (1988): *Investigaciones filosóficas*, México, UNAM, 1ra. Ed. en inglés 1953.

Wolf, M. (1979): *Sociologías de la vida cotidiana*, Madrid, Cátedra.

Wolton, D. (1999): *Internet et apres. Une théorie critique des nouveaux médias*, France, Flammarion.

Yin, R. R. (1984): *Case Study Research: design and methods*, Beverly Hills, CA, Sage.

Bibliografía en formato electrónico

Aarseth, E. (2003): *Playing Research: Methodological approaches to game analysis*. University of Bergen disponible en http://ludologY.org/index.php?topic=articles papers

Barsky, A. (2005): "El Periurbano Productivo, un espacio en constante transformación/Introducción al Estado del Debate, con referencias al caso de Buenos Aires", en *Scripta Nova*, Revista Electrónica de Geografía y Ciencias Sociales, Universidad de Barcelona, vol. IX, núm. 194 (36), 1 de agosto de 2005, disponible en http://www.ub.es/geocrit/sn/sn-194-36.htm.

Belvy, M. (2003): "Rituales de simulación y sociabilidad virtual. Una aproximación a los procesos de construcción de emociones en la Red", *Revista TEXTOS de la CiberSociedad*, 2. Disponible en http://cibersociedad.rediris. es

Bryce, J. and Rutter, J. (2002): *Killing like a girl: gendered gaming and girls gamer's visibility*, University of central Lancashire and University of Manchester, disponible en http://www.digra.org/dlldb/05164.00312

Cabello, R. y Moyano, R. (2007): "Hábitos de consumo de *Juegos en Red* en zonas periurbanas. Estudio de caso en el Área Metropolitana de Buenos Aires", en *Revista Razón y Palabra*, Nro.54, dic.06-ene07, México, disponible en www.razonvpalabra.org.mx/actual/cabellomovano.html

Cabello, R., "Pliegues en la tecnocultura", en *Revista Question*. Publicación académica de la facultad de Periodismo y Comunicación Social de la UNLP, Nro. 17, verano de 2008, disponible en http://www.perio.unlp.edu.ar/question/

Calvo Sastre, A. M. (2003): *Video juegos: del juego al medio didáctico*, disponible en http://www.uib.es/departlgte/calvo.html

Cantú, A. (1997): *Consumo. Recepción y Usos. Un juego de implicaciones*, en III Jornadas Nacionales de Investigadores en Comunicación, disponible en http://www.geocities.com/CollegePark/5025/mesa2a.htm

Díaz Gutiérrez, E., y otros (2004): *Los video juegos desde la perspectiva de género: roles y estereotipos*, Universidad de León, disponible en http://www.tecnoneet.org/docs/2004/1-72004.pdf

Esnaola, G. (2004): *Los video juegos y su intervención en los procesos de aprendizaje social* disponible en http://blog.cordobalearning.com.ar/?p=17

— (2005): "Narrativa de los video juegos y organización del registro simbólico sobre la

realidad social: el caso Pokémon", *Quadems Digitals* disponible en http://www.quadernsdigitals.net/index. php?accionMenu=hemeroteca. VisualizaArticulo IU. visualiza&articulo_id=8614

Estallo Martí, l (1992): "VIDEOJUEGOS: Efectos psicológicos", publicado en: *Revista de Psiquiatría Infantil y Juvenil*. N° 2, 106-116, disponible en http://www.geocities.com/HotSprings/6416/revision.htm

Farray Cuevas, J, Aguiar Perera, V., Bonny Farray, A., Calvo Farray, M. (2002): "Videojuegos: instrumento de cultura vs. cultura de la tortura", Universidad de las Palmas de Gran Canaria, publicado en Cultura y educación en la Sociedad de la información, *Netbiblo*; disponible en http://dewey.uab.es/pmarques/evte/josefa1.doc

Flanagan, M. (2003): *Simple & Personal: Domestic Space and The Sims*, Mary University of Oregon, disponible en http://hypertext.rmit.edu.au/dac/papers/

García, A. y Muñoz-Repiso, V., *Juegos y las nuevas tecnologías*, disponible en www.sav.us.es/pixelbit/artículos/n13/n13art/art137.htm

Gros Salvat, B. (2000): "La dimensión socioeducativa de los videojuegos", *Edutec (Revista electrónica de Tecnología Educativa)*, Nº 12. Disponible en www.edutec.rediris.es/Revelac12/gros.html .

Innocent, T. (2003): *Exploring the nature of electronic space through semiotic morphism*, Faculty of Art & Design, Monash University, disponible en http://hypertext.rmit.edu.au/dac/papers/

Jakobsson, M (2003): *The Sopranos Meets Ever Quest: Social Networking in Massively Multiplayer Online Games*, Department of Informatics, Ume (E University, disponible en http://hypertext.rmit.edu.au/dac/papers/

Judmaier,P.,Piringer,G.,Piringer J. (2002): *Myzel- Selforganization in Networked Worlds*,Disponible en : http://www.diagra.org/dl/order_by_autor?publication=Computer%20Games%and%20Digital%20Cultures%Conference%20Proceedings

King,G y Krzywinska,T. (2002): Computer Games/Cinema/Interfaces,Brunel University, UK, Disponible en : http://www.diagra.org/dl/order_by_autor?publication=Computer%20Games%and%20Digital%20Cultures%Conference%20Proceedings

Klastrup, L. (2002): *Interaction forms, agents and tellable events in EverQuest*, IT University at Copenhagen, disponible en http://www.digra.org/dl/db/05164.12137

Konzack, I. (2002): *Computer Game Criticism: A Method for Computer Game Analysis*, Aarhus University, Denmark, disponible en http://www.digra.org/dl/db/05164.32231

Lauteren, G. (2002): *The Pleasure of the Playable Text: Towards an Aesthetic Theory of Computer Games*, Austria, disponible en http://www.digra.org/dl/db/05164.5541 O

Lincona Vega, A. (2000): *Los video juegos como actividad lúdica del siglo XXI: El caso de Latinoamérica*, Honduras, Centro Emprendedores, Universidad Tecnológica Centroamericana, disponible en http://www.prodei.net/ebookkdl/abstracts.htm.Lincona

Madsen H. y Johansson Troels D. (2002): *Gameplay Rhetoric: A Study of the Construction of Satirical and Associational Meaning in Short Computer Games for the WWW*, disponible en: http://www.digra.org /dl/order_by_author?publication=Computer%20Games%20and%20Digital%20Cultures%20Conference%20Proceedings

Marqués Graells, P (2001), *Los video juegos*, disponible en http://dewey.uab.es/pmarques/inici

McGonigal, J(2003): *"This Is Not a Gam"': Immersive Aesthetics and Collective Play*. Department of Theatre, Dance & Performance Studies. University of California at Berkeley, disponible en: http://hypertext.rmit.edu.au/dac/papers/

Méndiz, A. y otros, (2002): *Video juegos y Educación*, Ministerio de Educación y Ciencia de España, disponible en http://ares.cnice.mec.es/informes/02/documentos/indice.htm

Meneses Naranjo, J (2006): "Diez años de vida (cotidiana) en la pantalla: una relectura crítica de la propuesta de Sherry Turkle", en *UOC Papers*, revista sobre la sociedad del conocimiento, disponible en http://www.uoc.edu/uocpapers/2/dt/esp/meneses.pdf.

Ministerio de Economía, Provincia de Buenos Aires, Dirección Provincial de Estadística, Estadísticas Sociales, disponible en: http://www.ec.gba.gov.ar/estadistica/ftp/social/pobreza/pobrez.htm

Ministerio de Economía, Provincia de Buenos Aires, Municipios, datos del Censo de Población, Hogares y vivienda 2001, disponible en: http://www.ec.gba.gov.ar/estadistica/ftp/cd/mapa.htm

Morales, S., Monje, D. y Loyola, M. (2006): *Apropiación crítica de las NTIC's como camino de inclusión en la Sociedad de la Información*, disponible en http://www.alaic.net/ponencias.html

Ortega Carrillo, J., *Análisis crítico de los valores que transmiten los video juegos. Descubriendo su potencial seductor de naturaleza subliminal*, disponible en: www.ugr.es/~sevimeco/biblioteca/tecnologias/documentos/analisis_valores_subliminales_videojuegos.doc

Palo Alto Research Center (2004): "A nod's as good as a wink to a blind bat!" y "Hearing waves and bows", en *PLAY ON Exploring the social dimensions of virtual words*, disponible en http://blogs.parc.com/playon/archives/2006/02/hearingwaves a.html#more

Piscitelli, A. (2004): *La ludología y el pensar no sobre sino con los video juegos*, disponible en http://www.ilhn.com/filosofitis/ensayitis/archives/000492.php

— (2005): "Inmigrantes digitales vs. nativos digitales" disponible en: http://weblog.educ.ar/educacion-tics/archives/005652.php.

Rodríguez, E. (coord.), (2002): *Jóvenes y videojuegos: espacios, significación y conflictos* (FAD), Disponible en. http://www.injuve.mtas.es/injuve/contenidos.item.action?id= 1355306986&menuId=428194837

Shinkle, E. (2003): *Gardens, games, and the anamorphic subject: tracing the body in the virtual landscape*, Department of Design, Digital Media, and Photography University of Westminster, disponible en http://hypertext.rmit.edu.au/dac/papers/

Zelener, E., *Nuevas formas de comunicación en la red, IRD y adicción*, disponible en www.hipersociologia.org.ar/papers/zelenersp.html

El trabajo que dio lugar a este libro contó con la participación de los estudiantes de la Licenciatura en Comunicación de la UNGS (algunos de ellos hoy en día, licenciados): Romina Almirón, Natalia Antón, María Victoria Bourdieu, María Soledad Burghi Cambón, Natalia Ciccone, Sandra Cogorno, Guillermina de Rosa Merino, Andrés Espinosa, Mariana Estrada, Pablo Gullino, Patricia Knorr, María Eugenia Languni, Carlos La torre, Mercedes López Camelo, Silvana Lucero, Mario Martinho, Martín Nigro, Cielo Ormachea; Romina Ortiz, José Ricciardi, Johanna Rodríguez Silva, Gabriela Sammartino, Alina Sosa y Carolina Vivas.